¿Quién ganará esta guerra?

La pasión espiritual que no se apaga

Luis Palau

EDITORIAL
UNILIT

Publicado por
Editorial **Unilit**
Miami, Fl. U.S.A
Derechos reservados

Primera edición 1992

Derechos de Autor© 1992 por Luis Palau
Todos los derechos reservados.
Publicado en inglés con el título:
Say Yes! How to Renew Your Spiritual Passion
por Multnomah Press, Portland, Oregón, E.U.A.
Este libro o porciones no puede ser reproducido sin
el permiso escrito de su autor.

Traducción al castellano y adaptación: Leticia Calçada

Citas bíblicas tomadas de Reina Valera (RV) 1960.
© Sociedades Bíblicas en América Latina.
Usada con permiso.

Cubierta diseñada por: David Bonilla

Impreso en Colombia
Producto 498499
ISBN 1-56063-179-1

Contenido

INTRODUCCION (*)

Esto no sucede todos los días: Natasha, una periodista soviética, entrevista a un extranjero, y como si fuera poco, ese extranjero es un cristiano. Natasha ha tenido que luchar duramente para lograr el prominente lugar que ahora ocupa dentro del movimiento de la juventud comunista en la Unión Soviética. Ella se enorgullece de su labor como periodista. La labor de hoy es totalmente fuera de lo común.

No puedo decir que Natasha haya sido amable conmigo ni que se haya mostrado favorable hacia el mensaje que prediqué durante el viaje en que visité cinco ciudades de su tierra. "Me parece que usted no se siente feliz," comenté casi con ingenuidad al final de nuestra entrevista.

—Por supuesto que no —replicó—. Los ateos no somos gente feliz.

De manera directa y sin rodeos, la declaración de Natasha resumía el trágico estado de una persona cuando niega a Dios y rechaza la revelación bíblica. El ateísmo

_____

(*) N. de la T.: Esta introducción fue elaborada por el autor con anterioridad a los acontecimientos de agosto de 1991, cuando la Unión Soviética entró en una nueva etapa política.

sofoca el alma y mata el espíritu: De pronto no hay esperanza a menos que sea en uno mismo, y no hay más futuro que el presente. Sin embargo, hemos sido creados a la imagen de Dios, y aunque nuestro intelecto y nuestras emociones quieran negar al Señor, nuestra alma tiene una profunda necesidad espiritual.

Sin Dios la vida carece de significado, la educación no tiene propósito y la economía carece de dirección. Los fallidos intentos del ateísmo nacionalizado en Europa oriental lo han demostrado a nuestra generación. El alma humana clama por Dios. No es de extrañar que haya avivamientos en países como la Unión Soviética y Rumanía.

Esta hambre espiritual está ejemplificada en la historia que me relató un pastor bautista de Leningrado.[*] Después que Mijail Gorbachov asumió el poder, funcionarios de gobierno rusos reabrieron el edificio de una vieja iglesia ortodoxa y lo cedieron a este pastor y su congregación. Al visitar esa iglesia recordé fotografías de edificios dañados durante ataques nazis en la Segunda Guerra Mundial. La belleza arquitectónica de la iglesia hacía tiempo que había desaparecido. Sólo quedaba la estructura principal.

Un día mientras el pastor estaba ocupado en la reconstrucción del interior de la iglesia con un grupo de trabajo de Siberia, entró un hombre.

—¿Está el pastor? —preguntó.

—Sí, soy yo.

—Afuera hay cuatro mujeres que desean hablar con usted.

—Dígales que entren —respondió el pastor.

—No, no quieren entrar. Se niegan a hacerlo.

—De acuerdo, saldré yo —y seguidamente el pastor se dirigió a la calle donde las mujeres lo estaban esperando.

(*) N. de la T.: Cuando la historia tuvo lugar, Leningrado aún no había vuelto a su antiguo nombre de San Petersburgo.

Pero cuando él extendió la mano para saludarlas, ellas rechazaron su gesto.

—¿Por qué no quieren estrechar mi mano?

—¿Es usted el pastor? —preguntó una de las jóvenes.

—Sí, soy el pastor.

—Bueno, pues entonces no somos dignas de estrechar su mano.

—¿Por qué?

—Nosotras somos prostitutas y hemos venido a hablar con usted pues queremos saber si Dios podrá perdonarnos por lo que hemos hecho.

—Por supuesto las perdonará —respondió el pastor, y seguidamente tomó su Biblia, la abrió y les habló sobre la muerte de Cristo y su sangre que limpia de todo pecado.

—¿Pero acaso Dios podrá perdonarnos por *todo*?

—Si reciben a Cristo en su vida, por cierto que él las perdonará.

—¿Nos perdonará si lo recibimos ahora?

—Las perdonará ahora mismo.

Y allí a la entrada de la iglesia las cuatro mujeres oraron con el pastor y pidieron a Cristo que entrara en su vida. Una vez que lo hubieron hecho, una de las jóvenes preguntó: —¿Estamos perdonadas entonces?

—Sí. La Biblia declara que Dios nunca más se acordará de esos pecados, y que la sangre de Jesucristo nos limpia de todo pecado. De manera que Dios las ha perdonado.

Al principio las mujeres ni siquiera se habían atrevido a estrechar la mano del pastor. Pero ahora le dieron un abrazo, preguntándole si podían entrar a la iglesia. No había mucho para ver, pero el pastor obsequió una Biblia a cada mujer y les explicó más en detalle lo que significa experimentar el perdón de Dios y recibir la nueva vida en Cristo.

Cuando este pastor me contó la historia, una vez más me sentí conmovido por esta verdad: cuando la gente oye el evangelio de Cristo, muchos lo aceptan. La mayoría de las personas están conscientes de su situación de pecado, y anhelan recibir el amor y el perdón de Dios. De manera que cuando oyen el evangelio y reciben a Cristo, los cambios en la vida de esa persona son asombrosos.

Sin embargo, al mirar a algunos cristianos uno tiene que preguntarse si en realidad saben lo que es la nueva vida en Cristo. Piensa en esto por un momento. ¿Has conocido a personas frustradas, sin fruto, que no parecen estar disfrutando de la vida cristiana? Yo sí.

¿Alguna vez te has preguntado si en la vida cristiana hay más ——mucho más— de lo que has experimentado hasta ahora? ¿Alguna vez has soñado en convertirte en una persona exitosa, fructífera, que tiene a Dios como centro de su vida?

Quizás creas que esa clase de vida es posible, y por lo tanto la estás buscando pues quieres disfrutarla. Tal vez hasta tengas objetivos que te ayuden a alcanzarla, y tu íntimo deseo sea descubrir la llave que abre la puerta a la bendición de Dios en tu vida.

O es posible que hayas perdido la esperanza. Sientes que la vida cristiana es una utopía. No lo es, así que no desesperes. En este libro hallarás guía, ánimo y esperanza.

Si con sinceridad sigues los principios bíblicos aquí delineados, estoy convencido de que antes de terminar el libro el Señor habrá de renovarte espiritualmente. Dios anhela transformar de manera integral cada área de tu vida. Y si dejas que lo haga, lo hará.

Los pasos hacia la renovación radical señalados en estas páginas hace tiempo revolucionaron mi vida, pero casi me di por vencido antes de aprenderlos. Los aprendí, pero lo hice en etapas. Aprendí uno de esos principios a los 17 años de edad, otro a los 20 años, y otro a los 25.

Por cierto el Señor me ha hecho seguir creciendo a través de los años y ha bendecido mi vida y mi ministerio. Pero antes de poder experimentar esa bendición, fueron precisos ciertos pasos que pueden ser realidad en la vida de cada cristiano. Los comparto contigo con el deseo de que evites los años de frustración que yo pasé.

Este libro está lleno de verdades de la Palabra de Dios. Ten una Biblia a mano mientras lo lees, y tal como si tú y yo estuviéramos conversando sobre el tema vez tras vez, léelo hasta que estas maravillosas verdades formen parte de ti y estés listo para compartirlas con otros.

Este libro no es teoría sino que señala pasos específicos y prácticos. Al leer estas páginas, la relación con tu Padre celestial podrá tener un nuevo comienzo. Podrás dejar de decir, de pensar y de hacer cosas que te convierten en un hijo de Dios derrotado, deprimido, frustrado, falto de energías y de fruto. Podrás ser un cristiano vivaz, alegre y dinámico —honrando y exaltando a Dios en pensamiento, palabra y hecho.

Durante varios años después de mi conversión, solía estar de mal humor, preocupado, temeroso y angustiado. A veces expresaba mi irritación en voz alta, otras veces me desalentaba y me hundía en el silencio. Parecía que trabajaba y trabajaba, y aun así no veía fruto, o veía muy poco.

Cuando finalmente caminé por el sendero que lleva a una renovación integral, el Señor me cambió y me convertí en un siervo gozoso y fructífero. No quiere decir que ahora nunca contriste al Espíritu Santo y siempre haya fruto en mi vida, pero ha habido un gran cambio. Y por eso amo al Señor con toda mi alma.

A través de la historia millares de cristianos han vivido vidas en libertad, pureza, santidad, llenos del Espíritu Santo y honrando a Dios. De una u otra manera, todos ellos caminaron por la senda que se señala en este libro. Por gracia de Dios, la renovación radical también puede ser nuestra experiencia.

Algunas recomendaciones sobre la manera de usar este libro. Lo mejor es leerlo todo, de principio a fin, en forma rápida.

Después de la leída inicial, vuelve a comenzar y léelo más lentamente. En esta ocasión ten a mano una Biblia, lápiz y papel. Toma notas y da cada paso en el orden que se recomienda. Subraya aquellos párrafos que te parezcan significativos.

Luego de algunas semanas, vuelve a leer el libro. Presta especial atención a lo que subrayaste durante tu segunda lectura. Puedes hacer notas adicionales utilizando tinta de otro color. Pídele a Dios que utilice los principios bíblicos de este libro para efectuar una verdadera renovación en tu vida.

Por otra parte, si **"¿Quién ganará esta guerra?"** te ha ayudado, ¿por qué no recomendarlo a un amigo? Tal vez hasta quieras recomendarlo como material para una serie de estudios bíblicos en tu casa, en pequeños grupos de la iglesia o en la escuela dominical.

Finalmente, no dudes en escribirme. Sería una bendición saber que Dios está usando los principios de este libro para cambiar tu corazón de manera radical. Puedes escribirme a:

Luis Palau
Casilla 4949
1000 Buenos Aires, ARGENTINA

o bien al

Apartado 15
Guatemala, c.p. 01901, GUATEMALA.

¿Estás listo, listo para una aventura que puede durar toda la vida? ¿Estás listo para experimentar la gracia y bendición de Dios? Ese es su maravilloso plan y el deseo de su corazón.

Capítulo 1

POSIBILIDADES INIMAGINABLES

> *Mi oración es que, al estudiar los principios bíblicos que conducen a una renovación espiritual, Dios los haga realidad en tu vida...*

Lo que comenzó como el viaje inaugural del barco más grande y lujoso, terminó como la mayor de las tragedias marítimas. Sucedió cuando el Titanic encalló en un iceberg poco antes de la medianoche del 14 de abril de 1912. Tres horas más tarde el Titanic se había hundido.

Se dice que un pasaje de ida en uno de los mejores camarotes en suite, costaba el equivalente de lo que hoy serían 50.000 dólares. Con casi 300 metros de largo y 66.000 toneladas de desplazamiento, el Titanic era el símbolo de la palabra "titánico" o "colosal".

Si la tragedia no hubiera tenido lugar, tal vez el término "titánico" hubiera incluido el significado "imposible de hundir", pues se había dicho que era imposible que el Titanic se hundiera. Sin embargo, la mayoría de quienes hoy oyen la palabra "Titanic" o "titánico", inmediatamente piensan en lo que una vez fue un buque poderoso y hoy aún yace en el fondo del Océano Atlántico a unos 1.000 kilómetros de la costa de Nueva Escocia en Canadá.

Los desesperados esfuerzos de la tripulación del Titanic para evitar el choque con el iceberg resultaron desastrosos. Si el barco hubiera continuado en su curso, sólo se habrían inundado dos o tres compartimientos y hubiera permanecido a flote. Lamentablemente, el resultado fue que más de 1500 personas perdieron la vida.

Siempre viene a mi memoria el Titanic cuando pienso en las vidas de centenares y millares de quienes dicen ser cristianos pero no disfrutan a pleno de la vida cristiana. Hablan de ir al cielo pero parecen vivir vidas miserables aquí en la tierra: una tragedia que no tiene por qué suceder.

¿Acaso la nueva vida que tenemos en Jesucristo no es mucho mejor que la vieja vida que supuestamente dejamos atrás? Si eres un cristiano verdadero, ¿tienes asegurado el futuro? Por supuesto que sí. ¿Han sido perdonados tus pecados? Sin ninguna duda. ¿Vive Dios en ti? Por cierto.

Sin embargo, ¿tenemos victoria sobre el pecado? ¿Somos santos? ¿Podemos decir que otros perciben la presencia de Dios en nuestra vida? Si la respuesta es negativa, no es de extrañar que nos falte valor para compartir las buenas nuevas de Dios con quienes no las conocen, ni es de extrañar que a veces sintamos que el evangelio sólo es un llamado a la frustración y a la desilusión.

El Señor dice que nos ha dado su paz, pero aún luchamos con ansiedad e inquietud. Dios nos exhorta a regocijarnos, pero a veces nos hundimos en el desánimo y la depresión. Su mandamiento es que nos amemos unos a otros, pero a menudo criticamos y mostramos amargura o resentimiento. Debemos glorificar al Señor, pero ante situaciones críticas terminamos deshonrándolo y sintiéndonos culpables por ello.

La Escritura declara que si Dios es por nosotros, ¿quién podrá estar en contra de nosotros? (Romanos 8:31). Sin embargo, los cristianos no estamos exentos de dificultades y tragedias. La Biblia promete que Dios bendice a sus hijos, pero muchas veces sentimos que el Señor nos ha olvidado. Leemos acerca de los ríos de agua viva (Juan 7:38) que fluyen de nuestro interior, pero el gozo del Espíritu Santo muy de vez en cuando fluye de nuestra vida.

¿Está tu copa rebosando esta semana? ¿Acaso sientes que Dios está derramando tantas bendiciones sobre tu vida que no puedes recibir más? Si eres como la mayoría de los cristianos que conozco, probablemente no estés diciendo "Señor, deja de bendecirme", sino que en tu corazón estás deseando con toda tu alma un nuevo toque de Dios. Piensas que la vida cristiana tiene que ser más de lo que estás experimentando.

¿Recuerdas cómo te sentiste cuando recién recibiste a Cristo en tu vida? Esa noche yo apenas pude dormir por la emoción de haberle entregado mi corazón a Jesucristo. Sabía que era la decisión más importante de mi vida.

Los primeros días de mi vida cristiana fueron como esas fogatas que se encienden en los campamentos todas las noches, con grandes llamas. Pero en forma gradual el fuego interior en mi alma fue apagándose. Aún quedaban unas pocas brasas encendidas, pero desde afuera daba la apariencia de estar totalmente frío. Recién empecé a experimentar una gradual renovación en mi vida después de haber pasado por una profunda crisis espiritual varios años más tarde. De a poco y con nueva leña y hojas secas, las llamas volvieron a mi corazón. ¡Pero cuánto deseé que la renovación hubiera ocurrido antes!

Este libro trata sobre la renovación —cómo hacer que el fuego de Dios se encienda otra vez en nuestra vida. La más grande necesidad de la iglesia de hoy es la renovación y el avivamiento. ¿Qué es la renovación? Es Dios mismo en acción, haciendo su obra en y a través de nosotros. Cuando somos renovados, nuestro amor por Dios vuelve a encenderse: Amamos al pueblo de Dios. La Palabra de Dios se hace viva a nuestro corazón. Nuestra visión por el evangelismo crece y los perdidos se convierten en una carga a nuestro corazón. Además la tentación pierde poder sobre nosotros.

La renovación toca cada aspecto de nuestra vida. No depende de determinadas circunstancias ni depende de conferencias especiales sobre avivamiento que nos hagan sentir en la cumbre.

Hay quienes dicen: *"Sería feliz si las cosas en la vida me fueran bien."* Pero la vida no siempre es justa y equitativa. Todos pasamos por circunstancias difíciles, y a veces potencialmente devastadoras. Sin embargo hay prueba suficiente de que a pesar de todo podemos tener el gozo del Señor.

En mi opinión, el problema es que muchos cristianos no creen en las maravillas que pueden tener lugar cuando experimentamos la renovación de Dios. Esa renovación es radical integral, por eso digo que el tema de este libro es la renovación de raíz. Quiero que descubramos lo que significa disfrutar y seguir disfrutando de la vida cristiana, aun en medio de las situaciones más difíciles.

¿Cuál es, entonces, el potencial de la renovación radical? Debemos comprender que la renovación es una vida triunfante y victoriosa, una vida santa y transparente, un estilo de vida donde Dios es soberano. Consideremos estas tres posibilidades:

I. Renovación es una vida triunfante y victoriosa

Todos tenemos diferentes temperamentos, diferentes maneras de enfrentar la vida. Algunos somos optimistas, otros un poco pesimistas. Algunos somos extrovertidos, otros más introvertidos. Hay quienes somos alegres y vivaces, mientras que otros tomamos la vida más seriamente. Tales diferencias son parte de nuestra personalidad.

Por otro lado, la Escritura nos enseña que todos los cristianos —cualquiera sea su temperamento— pueden ser victoriosos, llenos del Espíritu y gozosos. Me encanta la manera en que lo describe el apóstol Pablo: *Mas a Dios gracias, el cual nos lleva siempre en triunfo en Cristo Jesús, y por medio de nosotros manifiesta en todo lugar el olor de su conocimiento* (2 Corintios 2:14).

Nota que Pablo afirma que Dios nos lleva en triunfo. ¿Cuál es el resultado? Que otros advierten la fragancia de Dios en nuestra vida. Ese aroma, entonces, impregna el aire alrededor de cada cristiano que ha experimentado la renovación radical y que siente pasión por las cosas de Dios.

La palabra "triunfo" implica que hay una batalla, y en verdad estamos librando una guerra espiritual. En esta

14

guerra habrá un vencedor y un vencido. Pero el hecho de que los cristianos serán llevados por Dios en victoria no significa que las cosas resultarán fáciles. Es una guerra, y la guerra nunca es agradable.

En realidad, es esa guerra implacable lo que hace que la vida cristiana sea emocionante, de la misma manera que un evento atlético difícil es emocionante para los deportistas que participan. No transigimos con el enemigo ni convivimos con él en forma pacífica, y por otro lado no abandonamos la lucha cuando se hace feroz. Y además en esta guerra nunca aceptamos la derrota pues esa posibilidad nos parece horrenda y nos rebelamos contra ella. En su lugar, triunfamos sobre nuestros enemigos a través de nuestro Señor Jesucristo y la victoria que El ganó en la cruz.

Victoria sobre el mundo

La Biblia habla de tres enemigos contra los que batallamos. El primero es "el mundo". Yo crecí en una iglesia que siempre censuraba y maldecía al mundo. Los hermanos creían que lo monótono y tedioso era digno de alabanza, y que los deportes y las fiestas eran una pérdida de tiempo. Estaban en contra de todo lo que parecía ser mundano, y por mi parte nunca pensé que la Palabra de Dios pudiera tener otra perspectiva.

¿Qué quiere decir la Biblia cuando habla del mundo? Al leer las Escrituras, especialmente el Nuevo Testamento, notamos que personifica a este enemigo. Cuando la Escritura menciona el mundo, no se refiere a este planeta sino que describe a los seres humanos que no conocen a Dios y, por extensión, su filosofía y modo de vida.

Aunque somos parte del actual sistema mundial, el propósito de Dios nunca fue que gastemos toda nuestra energía luchando contra este enemigo. Ese fue un error que advertí en mi juventud. Siempre recibíamos advertencias en contra de lo malo y perjudicial de cierta música, ciertas personas y ciertas actividades. Es una paradoja, pero yo estaba tan dedicado a pelear contra el mundo, que terminé siendo controlado por la carne y derrotado por el diablo.

Sin embargo, no debemos restar importancia a la cuestión ni dejar que el mundo nos fuerce a conformarnos y a amoldarnos a él. Muchos cristianos se sienten atraídos por el mundo porque olvidan que están en guerra con él. No quiero decir que estamos en guerra con la gente de este mundo. Debemos amar a las personas pero aborrecer el sistema —que es despreciable, arrogante, egoísta, que genera orgullo y quiere destruir vidas.

El mundo nos ataca constantemente, aun cuando no seamos conscientes de ello. En mi casa tengo un dispositivo de control remoto para el aparato de televisión, y puedo ir cambiando los canales mientras camino por la sala. A veces pareciera que todo, aun las noticias y los deportes, es doloroso y es un problema. El mundo propaga su mensaje desde todo ángulo imaginable, y veinticuatro horas por día. ¿Cuál es nuestra respuesta? ¿Estamos manteniendo una actitud objetivamente crítica o acaso aceptando de manera pasiva todo lo que los medios masivos comunican?

En 1 Juan 2:15-17 leemos: *No améis al mundo, ni las cosas que están en el mundo. Si alguno ama al mundo, el amor del Padre no está en él. Porque todo lo que hay en el mundo, los deseos de la carne, los deseos de los ojos y la vanagloria de la vida, no proviene del Padre, sino del mundo. Y el mundo pasa, y sus deseos; pero el que hace la voluntad de Dios permanece para siempre.*

Gracias a Dios que nuestra victoria sobre el mundo es segura. ¿Por qué? Porque *mayor es el que está en vosotros, que el que está en el mundo* (1 Juan 4:4). El Señor Jesús mismo recordó a sus discípulos: *En el mundo tendréis aflicción; pero confiad, yo he vencido al mundo* (Juan 16:33). De manera que a pesar de la guerra entre los deseos del mundo y la voluntad de Dios, podemos vencer en ese conflicto.

El poder del Cristo resucitado está disponible para nosotros en esta guerra con el mundo. Eso no significa que la atracción del mundo desaparecerá. Debemos recordar que hasta el día en que estemos con el Señor, viviremos en territorio enemigo. Pero *aunque andamos en la carne* [aunque vivimos en el mundo], *no militamos según la carne; porque las armas de nuestra milicia no son carnales, sino poderosas en Dios para la destrucción de fortalezas* (2 Corintios 10:3-4).

¿Cuáles son algunas de las fortalezas del mundo? Pablo nos dice: *Derribando argumentos y toda altivez que se levanta contra el conocimiento de Dios, y llevando cautivo todo pensamiento a la obediencia a Cristo* (2 Corintios 10:5).

Fortaleza del mal es todo aquello que niega a Dios autoridad. Por ejemplo, actitudes de apatía, materialismo, orgullo, el creernos superiores y hasta dignos de suprema honra. Agreguemos a eso filosofías como el humanismo, el secularismo y el racionalismo. Además están las religiones falsas o, como dice 1 Timoteo 4:1, las doctrinas de demonios, que tanto prevalecen en nuestro día.

Estas fortalezas del mal tienen una gran influencia en nuestra sociedad, tal como se evidencia en los medios masivos, pero no pueden compararse al poder de Dios que actúa en nosotros.

Además hay otro enemigo más sutil con el que debemos contender.

Victoria sobre la carne

El segundo enemigo con el que estamos en guerra es "la carne". Carne significa más que simplemente nuestro cuerpo, aunque este marco físico a menudo es el campo de batalla. Algunos traducen el término como "naturaleza pecaminosa". Otros se refieren a la "vieja naturaleza". En cualquier caso, resulta claro que los cristianos tenemos un enemigo terrible atrincherado en nosotros.

La carne está en guerra contra el alma, oponiéndose al Espíritu Santo que mora en nosotros. Como cristianos somos exhortados: *Andad en el Espíritu y no satisfagáis los deseos de la carne. Porque el deseo de la carne es contra el Espíritu, y el del Espíritu es contra la carne* (Gálatas 5:16-17a).

17

En el siguiente párrafo de Gálatas se hace claro que las obras de la carne no tienen cabida en la vida del creyente. La lista es muy gráfica: inmoralidad sexual; impureza y perversiones, idolatría y hechicería; enemistades, discordia, celos, ira, ambiciones egoístas, contiendas, críticas y envidia, borracheras, orgías y cosas semejantes. Se nos advierte que *los que practican tales cosas no heredarán el reino de Dios* (Gálatas 5:21).

En contraste, *el fruto del Espíritu es amor, gozo, paz, paciencia, benignidad, bondad, fe, mansedumbre, templanza; contra tales cosas no hay ley* (Gálatas 5:22-23). ¿Por qué no hay ley contra el fruto del Espíritu? Porque nunca podemos amar demasiado, o tener demasiado gozo o demasiada paz.

Hay una batalla muy real dentro de nosotros. Si cedemos a las codicias de la carne, automáticamente contristamos al Espíritu Santo y apagamos su obra en nosotros. Pero eso no tiene por qué ser una espina constante en nuestra vida. También podemos experimentar victoria. Pablo nos recuerda *que deudores somos, no a la carne, para que vivamos conforme a la carne* (Romanos 8:12).

Alguien que sea más joven podrá decir: "Pero Luis, te has vuelto viejo. Por supuesto que puedes hablar de tener victoria en esta área. A tu edad es posible, pero yo tengo sangre en mis venas. Tengo tentaciones. Y la carne me hace caer."

No creas que sólo los jóvenes y los solteros luchan con la codicia y la lujuria. Te aseguro que tendrás tentaciones durante toda tu vida. Cada día debo confrontar mi naturaleza de pecado. Todos estamos en guerra con este enemigo, que destruye a muchos cristianos. Pero no tiene por qué ser así. ¿Estás experimentando victoria sobre la carne? Por el poder del Espíritu Santo tu respuesta puede ser un enfático "sí".

Victoria sobre el diablo

Hay un tercer enemigo, el diablo. La Biblia también lo llama Satanás, Lucifer, el adversario y el engañador.

Muchos, aun en círculos cristianos, pintan una caricatura de Satanás y creen que es algo irrisorio. Pero como tarde o temprano habremos de descubrir, el diablo es un gran enemigo de nuestra alma.

El Señor Jesús fue muy claro: [El diablo] *ha sido homicida desde el principio, y no ha permanecido en la verdad, porque no hay verdad en él. Cuando habla mentira, de suyo habla; porque es mentiroso, y padre de mentira* (Juan 8:44).

No podría haber mayor diferencia entre Satanás y Cristo. *El ladrón* [otra vez refiriéndose al diablo] *no viene sino para hurtar, matar y destruir; yo he venido para que tengan vida, y para que la tengan en abundancia* (Juan 10:10).

Las mentiras e intenciones homicidas de Satanás no sólo tienen como objetivo a los no-cristianos. El ya ha enceguecido los ojos de los perdidos (2 Corintios 4:4). En realidad, su más terrible ira está dirigida contra aquellos que hemos sido rescatados del dominio de la oscuridad.

Pedro nos advierte: *Vuestro adversario el diablo, como león rugiente, anda alrededor buscando a quien devorar; al cual resistid firmes en la fe, sabiendo que los mismos padecimientos se van cumpliendo en vuestros hermanos en todo el mundo* (1 Pedro 5:8-9).

Santiago agrega: *Someteos, pues, a Dios; resistid al diablo, y huirá de vosotros. Acercaos a Dios, y él se acercará a vosotros. Pecadores, limpiad las manos; y vosotros los de doble ánimo, purificad vuestros corazones* (4:7-8).

Pablo nos insta a vestirnos con la armadura espiritual a fin de protegernos de este enemigo: *Fortaleceos en el Señor, y en el poder de su fuerza. Vestíos de toda la armadura de Dios, para que podáis estar firmes contra las asechanzas del diablo. Porque no tenemos lucha contra sangre y carne, sino contra principados, contra potestades, contra los gobernadores de las tinieblas de este siglo, contra huestes espirituales de maldad en las regiones celestes. Por tanto, tomad toda la armadura de Dios, para que podáis resistir en el día malo, y habiendo acabado todo, estar firmes* (Efesios 6:10-13).

No hay zona desmilitarizada en esta guerra. O bien nos mantenemos de pie en el poder de Dios, o caemos derrotados. No hay lugar para el orgullo, para creer que podemos caminar por una línea límite entre el reino de la oscuridad y el reino de la luz.

¿Estás viviendo en victoria contra el diablo? ¿Puedes decir *Gracias sean dadas a Dios, quien en Cristo siempre nos lleva en triunfo?* ¿O acaso tu experiencia es fracaso y derrota? La perfección absoluta es imposible hasta que lleguemos al cielo, pero podemos vivir en continua victoria sobre el mundo, la carne y el diablo. Esta es la primera gran posibilidad.

II. Renovación es una vida santa y transparente

La Escritura también enseña que la vida cristiana es una vida santa y transparente. La exhortación es: *Como hijos obedientes, no os conforméis a los deseos que antes teníais estando en vuestra ignorancia; sino, como aquel que os llamó es santo, sed también vosotros santos en toda vuestra manera de vivir; porque escrito está: Sed santos, porque yo soy santo* (1 Pedro 1:14-16).

Y también: *Seguid la paz con todos, y la santidad, sin la cual nadie verá al Señor* (Hebreos 12:14). Y Juan nos recuerda: *Pero si andamos en luz, como él está en luz, tenemos comunión unos con otros, y la sangre de Jesucristo su Hijo nos limpia de todo pecado* (1 Juan 1:7).

¿Qué significa ser santo y transparente? Vivir en la luz con Dios, caminar de acuerdo a todo lo que el Espíritu Santo nos ha enseñado por la Palabra de Dios. En otras palabras, ser santo es un compromiso a la pureza.

Transparencia significa que conscientemente no tengo nada que esconder de mi Padre celestial. Además, no hay nada entre yo y otra persona que yo no haya tratado de arreglar —aun cuando la otra persona no quiera hacer las paces.

La santidad puede ser nuestra experiencia diaria. No habrá absoluta perfección de nuestra parte (aunque ése es el propósito), pero nunca debemos bajar el ideal que el Señor

Jesús presentó a sus discípulos: *Sed... perfectos, como vuestro Padre que está en los cielos es perfecto* (Mateo 5:48). Es cierto que a veces le fallamos al Señor, pero no por eso debemos amoldarnos al pecado.

Algunos de los más grandes siervos de Dios de la historia reconocieron sus imperfecciones y se acercaron más al Señor. Lamentaron su pecaminosidad, aun cuando no estaban cometiendo terribles maldades. Pero al tiempo que el Espíritu Santo escudriñaba sus vidas, ellos veían hasta las faltas más pequeñas como graves pecados. Además, anhelaban el día de Jesucristo cuando la obra de Dios en ellos se completara (Filipenses 1:6) y pudieran ser santos como Jesús (1 Juan 3:2).

Uno advierte esto en las descripciones que Pablo hace de sí mismo. Hacia el final de su vida él se auto-denominó el peor de los pecadores, el primero (1 Timoteo 1:15). No era una exageración sino que estaba basado en un hecho objetivo. Pablo había perseguido a la iglesia y había cometido crímenes violentos antes de convertirse a Cristo.

Pero el apóstol también se regocijaba en el completo perdón de Dios, y buscaba la santidad. Podía decir: *No... que ya sea perfecto; sino que prosigo, por ver si logro asir aquello para lo cual fui también asido por Cristo Jesús* (Filipenses 3:12). La falta de perfección no le impedía vivir cada día lo más transparentemente posible. Temía al Señor y ansiaba el día cuando pudiera verlo cara a cara.

¿Eres santo? ¿Soy yo santo? ¿Estamos disfrutando de la libertad que resulta de una conciencia transparente? ¿Podemos decir con sinceridad "Señor, alabo tu nombre porque no hay nada que deba esconder de ti. No estoy encubriendo nada. Estoy caminando en la luz, mi alma está limpia y mi conciencia, transparente. No soy consciente de nada que deba arreglar con nadie. Señor, te amo y te agradezco porque no hay nubes que se interpongan entre Tú y yo"?

Como cristiano tienes el privilegio de que ésa sea una realidad en tu vida. Es lo que el evangelio ofrece: Dios nos ama y quiere que disfrutemos de la libertad de relacionarnos con él en santidad y transparencia. ¿Es ésa nuestra experiencia, o hay algo que se interpone en el camino?

Hoy somos bombardeados por el mundo y su manera de pensar. De manera constante somos tentados a traspasar los límites, a ceder a la carne, a decir que sí al diablo, y menudo no nos damos cuenta.

Hombres y mujeres se ganan la vida escuchando los problemas de otras personas y ofreciendo consejo. Otros escriben columnas en diarios o aparecen en programas de televisión. Y a veces lo que dicen y aconsejan es bueno. Pero los buenos consejos no son suficientes. El mensaje del evangelio es que hay pleno poder en el Señor Jesucristo. El no nos ofrece consejos sino que nos ofrece poder para vivir santa y transparentemente en una sociedad corrupta y engañosa.

Ahora bien, sé que algunos reaccionan diciendo: "¡Vamos, Palau! Ya lo he escuchado antes. ¿Vida cristiana victoriosa? Es un cliché. ¿Caminar en la luz con una conciencia transparente? ¡Es una broma! Usted quiere hacerlo creíble, pero a mí no puede engañarme."

Cuando una persona responde de esa manera, está revelando dos cosas en cuanto a su carácter. En primer lugar, que no tiene una conciencia transparente. En segundo lugar, que se ha vuelto cínica.

El cinismo es el idioma del diablo, y lleva a la depresión. No debe sorprendernos que muchos cristianos cínicos estén deprimidos. La fragancia de Cristo está ausente en su vida. Han perdido su primer amor por el Señor. Han perdido el gozo y la paz que ofrece Jesús. En lugar de tener pasión por los perdidos, se han vuelto críticos, o al menos escépticos, en cuanto a la iglesia y a las cosas de Dios.

Gracias a Dios que El ha provisto un remedio si nuestra conciencia está contaminada. Lo consideraremos más tarde en detalle. Antes de hacerlo, quiero mencionar otra gran posibilidad de la vida cristiana.

III. Renovación es un estilo de vida

La Escritura nos enseña que la vida cristiana es un estilo de vida donde Dios mismo es soberano. Creo que ésta es la posibilidad más emocionante que pueda existir. Es lógico que Pablo haya orado fervorosamente pidiendo al Padre que *os dé, conforme a las riquezas de su gloria, el ser fortalecidos con poder en el hombre interior por su Espíritu, para que habite Cristo por la fe en vuestros corazones* (Efesios 3:16-17).

Consideremos también el resto de la oración de Pablo: *Por esta causa doblo mis rodillas ante el Padre de nuestro Señor Jesucristo, de quien toma nombre toda familia en los cielos y en la tierra* [eso nos incluye a ti y a mí]... [para que] *seáis plenamente capaces de comprender con todos los santos cuál sea la anchura, la longitud, la profundidad y la altura, y de conocer el amor de Cristo, que excede a todo conocimiento, para que seáis llenos de toda la plenitud de Dios* (Efesios 3:14-19).

¿Te diste cuenta de la última frase? *Que seáis llenos de toda la plenitud de Dios.* Imagina cuán diferente sería tu vida si estuvieras completamente lleno de Dios mismo. Todas las áreas de tu vida se verían afectadas. Amarías a Dios mucho más, te preocuparías mucho más por tus hermanos y hermanas en Cristo, y tendrías una gran pasión por las almas.

El propósito de la vida cristiana es que Dios tome cada vez más control de nuestra vida, que moldee su divino carácter en nosotros, que nos transformemos más a la imagen de su Hijo Jesucristo. Eso es renovación radical, pero no lo que experimentan la mayoría de los cristianos, ni tampoco lo que ve el mundo cuando hoy mira a la mayoría de los que asisten a la iglesia.

Cuando los demás nos miran, ¿ven a Dios en nosotros? Me obsesiona la posibilidad de que un periodista pregunte a mi esposa y amigos cómo soy yo realmente, y ellos tengan que responder: "Es un charlatán. Habla del poder de Dios, pero no veo ese poder en su vida." Eso me mataría.

¿Está Dios gobernando mi vida? ¿Tiene control sobre mi vida? ¿O acaso estoy tratando de hacer todo por las mías?

¿Ve la gente al Señor en tu vida y en la mía? ¿Está cada área de nuestra vida gobernada por y llena con Dios mismo? Es triste, pero a veces la respuesta es NO. En el capítulo siguiente consideraremos brevemente las razones para ese "no".

UN MOMENTO DE REFLEXION

1. En este capítulo hice énfasis en que *"a veces sentimos que el evangelio es sólo un llamado a la frustración y a la desilusión."* ¿Cuáles eran tus expectativas cuando te convertiste a Cristo? ¿Alguna vez te desilusionaste? ¿Cuáles son tus anhelos ahora?

2. *"Este libro trata sobre la renovación —cómo hacer que el fuego de Dios se encienda otra vez en nuestra vida. La más grande necesidad de la iglesia de hoy es la renovación y el avivamiento. ¿Qué es la renovación? Es Dios mismo en acción, haciendo su obra en y a través de nosotros."* ¿Alguna vez experimentaste renovación? ¿Qué fue lo que la produjo? Describe brevemente cómo fue.

3. *"Hasta el día en que estemos con el Señor, viviremos en territorio enemigo."* ¿De qué maneras el mundo está tratando de conformarte a su manera de pensar y de actuar? ¿Cuál es tu mejor defensa?

4. *"La carne está en guerra contra el alma, oponiéndose al Espíritu Santo que mora en nosotros."* ¿Crees que tu lucha con los deseos de la carne es mayor ahora que cuando te convertiste a Cristo? ¿O acaso la lucha es menor? ¿Cuál será la razón?

5. *"Como tarde o temprano habremos de descubrir, el diablo es un gran enemigo."* ¿Es posible escapar de los ataques del diablo? ¿De qué manera? ¿Cuál ha sido tu experiencia?

6. *"Lo que el evangelio ofrece: Dios nos ama y quiere que disfrutemos de la libertad de relacionarnos con él en santidad y transparencia."* ¿Estás de acuerdo? ¿Por qué?

7. *"Imagina cuán diferente sería tu vida si estuvieras completamente lleno de Dios mismo."* ¿De qué manera sería distinto en tu relación con Dios? ¿Y en tu relación con otros? ¿Y en tu actitud hacia los que no conocen a Cristo?

PARA PONER EN PRACTICA

1. Tal como lo mencioné en la sección "Cómo usar este libro", no te detengas a completar estos ejercicios hasta que hayas leído todo el libro al menos una vez. Luego, entonces, completa cada paso en el orden que se recomienda.

2. En este capítulo he tratado de abrir tu apetito y de que comiences a soñar con las grandiosas posibilidades de la vida cristiana. Pero aún no he sugerido un curso de acción. De modo que permíteme mencionar lo crucial que es ser un cristiano verdadero.

3. ¿Has confiado en Jesucristo como tu Salvador? Si lo has hecho, toma una libreta de notas y un lápiz. En la primera página pon el título "Lo que Cristo ha hecho en mi vida." Escribe un par de párrafos sobre la diferencia que Cristo ha hecho en tu vida. Trata de ser específico.

4. Si no puedes recordar mucho de lo que Cristo ha hecho en tu vida, piensa en lo que podrías haber llegado a ser y a hacer si Cristo no te hubiera salvado.

5. Si aún no has confiado en Jesucristo como tu Salvador o si no estás seguro de tener salvación y vida eterna, te animo a leer mi librito *¿Eres cristiano? ¿Sí o no?*

Capítulo 2

POR QUE FALLAMOS

> *Hay una sola cosa que puede evitar que disfrutemos plenamente de la vida cristiana...*

Cuando hace varios años una aerolínea canadiense compró cuatro aviones 767, los nuevos jets eran el orgullo de la compañía, pero sólo hasta el trágico vuelo 143 de Montreal a Edmonton.

Luego de una corta escala en Ottawa, la capital canadiense, el avión despegó sin problemas. Los pasajeros estaban disfrutando de una película cuando de pronto las enormes máquinas del jet se detuvieron.

Al principio sólo lo notaron quienes no estaban utilizando los auriculares. Luego hubo una pausa en la proyección de la película y el capitán anunció que el vuelo 143 efectuaría un aterrizaje de emergencia. Sesenta y nueve personas estaban atrapadas en un terriblemente lento pero inevitable descenso. Durante varios minutos en la cabina reinó el silencio. Luego el miedo fue seguido por gritos mientras el aterrizaje precipitado se acercaba. La tecnología más moderna no pudo mantener al avión en el aire por otro instante.

Cuando aún faltaban 1300 kilómetros para llegar a destino, el vuelo 143 se había quedado sin combustible. El indicador digital electrónico de combustible del Boeing 767 no funcionaba de manera que, tal como sucede en esos casos, el piloto y el copiloto de la nave habían confiado en cifras dadas por el personal de reaprovisionamiento de combustible antes del despegue.

Sin embargo, un integrante del personal de tierra había confundido las unidades de peso creyendo que las libras eran en realidad kilogramos.[*] Cuando se descubrió la verdad durante el vuelo, el jet debiera haber tenido más de 12.100 kilos de combustible, pero no tenía nada.

Por gracia de Dios, el capitán y el copiloto pudieron hacer planear el avión unos 160 kilómetros hasta un aeródromo que en su momento había sido militar. Con increíble exactitud el copiloto recordaba el lugar de los días en que él había sido parte de la fuerza aérea. Un dramático aterrizaje dañó considerablemente el tren de aterrizaje del jet, pero todos a bordo resultaron ilesos.

Millares y millones de cristianos hoy día están en una situación tan desesperada como la del vuelo 143. Saben que es posible vivir una vida victoriosa y santa, una vida llena de Dios mismo. Sin embargo, tales cristianos no están viviendo a ese nivel sino que lentamente descienden hacia la tierra en planeo, sin motor y en condiciones anormales —abrumados por insatisfacción, desánimo y derrota. Sus esfuerzos para recuperar el impulso espiritual no resultaron eficaces, y están aterrados por lo que pueda suceder.

¿Por qué vemos tantos desastres espirituales? ¿Por qué sufrimos tantas batallas innecesarias? ¿Por qué hay tanta depresión? ¿Por qué tanta carnalidad?

He escuchado toda clase de excusas. Y si el lector es consejero, líder de su iglesia, diácono, anciano o pastor, probablemente haya oído las mismas excusas:

—Son tiempos muy difíciles en el aspecto financiero.

—Es difícil ser honesto en el mundo de los negocios.

—Con toda la apertura en cuanto a la sexualidad, ¿qué se supone que debo hacer?

(*) N. de la T.: Una libra equivale a 0,454 kilogramos.

—Ya no amo a mi esposa. ¿Por qué permanecer junto a ella?

—Sé que debiera pasar más tiempo leyendo la Biblia, pero con todas las demandas del trabajo y tantas otras ocupaciones, también necesito tiempo para descansar.

—Quiero ser santo, pero los medios masivos lo hacen muy difícil. Vivimos en una sociedad que da tanta importancia a lo sensual que es prácticamente imposible mantenerse puro.

La gente habla como si en este mundo no hubiera posibilidad de caminar en la luz de Dios. Por cierto que el mundo es un lugar que lejos está de ser santo. Un político afirma que la crisis de nuestro tiempo no es política, económica ni ecológica sino que radica en "la pérdida de un sentido de orden moral." Otro observador político manifestó que "la anarquía moral y ética" está devastando a la sociedad occidental. El relativismo está a la orden del día.

Y aunque nuestra sociedad honrara a Dios, habría otras excusas:

—Si conociera a mi esposa, usted dejaría de hablar de la vida cristiana victoriosa. Lo invito a ser huésped en nuestra casa por una semana, Luis, y entonces dígame cuán victorioso uno puede sentirse.

—Mi suegra está con nosotros por un tiempo, y créame que hasta que ella regrese a su hogar en nuestra familia no podrá haber victoria.

—Palau, usted no tiene idea de lo difíciles que son las cosas en mi empleo. Es imposible ser honesto si uno quiere sobrevivir.

La gente puede dar toda clase de excusas, pero debo decir algo con la autoridad de la Palabra de Dios. Nadie puede quitar la unción del Espíritu Santo de nuestras vidas. Nadie puede impedir que nuestra copa esté rebosando. Nadie puede quitarnos el gozo del Señor: ni nuestros parientes políticos, ni nuestro cónyuge, ni nuestro jefe, ni siquiera Satanás. Nadie.

Hay una sola cosa que puede evitar que disfrutemos plenamente de la vida cristiana: el pecado. Debemos adquirir una nueva visión del pecado, reconociendo que actúa como un cáncer mortal en nuestra alma.

Si queremos experimentar las grandiosas posibilidades de la vida cristiana, podemos hacerlo. Lo único que produce amargura, frustración o derrota; lo único que nos afea, hace que vivamos en la oscuridad o nos hace personas desagradables es el pecado. El pecado es un tema horrible. Pero a menos que tengamos una perfecta relación con Dios, sin nada que confesarle, debemos ser sinceros y enfrentar el tema. Debemos decirle la verdad al Señor.

La necesidad de cirugía divina

Si acompañaras al médico a tu cónyuge o a tu mejor amigo porque se ha descubierto un tumor potencialmente canceroso, ¿qué esperas que diga el médico? ¿"Tome dos aspirinas y llámeme mañana"? Por supuesto que no. Si un médico dijera eso en mi presencia, me iría de su consultorio y no regresaría jamás. Si la situación es grave, quiero que el médico diga la verdad sin rodeos. ¿Qué es ese bulto? ¿Es un tumor? Debemos saber. Si es maligno, queremos que lo extirpen.

Mi esposa Patricia y yo pasamos por una situación similar hace varios años. Patricia se descubrió un bulto, de manera que inmediatamente fuimos al médico, quien determinó que era canceroso. La operación quirúrgica se realizaría el lunes siguiente. Siguieron meses y años de recuperación. Pero ¿qué hubiera sucedido si hubiéramos ignorado el diagnóstico y cancelado la operación? Las consecuencias habrían sido desastrosas. Por cierto que la cirugía y el tratamiento posterior fueron muy penosos, pero fue preferible a perder a Patricia.

Como si fuera un médico alistándome para operar a un enfermo de cáncer, me resulta sumamente ingrato tratar el tema del pecado, pero debo hacerlo. Si estamos viviendo en pecado en nuestro corazón, eso es fatal. A menos que nos sometamos a la cirugía divina, el pecado aumentará y como un tumor maligno crecerá más y más en nuestra alma. La obra de Dios en nosotros y a través de nosotros gradualmente se irá apagando. Es imposible continuar día tras día y año tras año como si nada anduviera mal. Debemos pedirle a Dios que examine nuestro corazón. Podemos hacer nuestra la oración del salmista: *Examíname, oh Dios, y conoce mi corazón; pruébame y conoce mis pensamientos; y ve si hay en mí camino de perversidad, y guíame en el camino eterno* (Salmo 139: 23-24).

No es suficiente aparentar que estamos caminando con el Señor. ¿Cuán sensibles somos al pecado? ¿Estamos consintiendo conversaciones y acciones que contaminan nuestra alma? Si lo hacemos, estamos contristando al Espíritu Santo aunque no nos demos cuenta. A veces pasa tiempo hasta tanto nos digamos: "He perdido el gozo. Solía ser feliz en el Señor. ¿Qué sucedió?"

Debemos pedir a Dios que nos haga cada vez más sensibles al pecado. Esto adquiere una importancia crucial en nuestra sociedad, donde los valores morales han sido derribados y pisoteados, y la ética ahora se conforma a la preferencia general y a la opinión pública.

En estos días creo que esta oración de compromiso es un desafío de suma importancia: *En la integridad de mi corazón andaré en medio de mi casa. No pondré delante de mis ojos cosa injusta. Aborrezco la obra de los que se desvían; ninguno de ellos se acercará a mí. Corazón perverso se apartará de mí; no conoceré al malvado* (Salmo 101:2b-4).

De acuerdo a la Escritura, no debe haber ni rastros de inmoralidad o impureza en nuestra vida. No debemos asociarnos o unirnos en yugo desigual con los impíos, y debemos disociarnos de las obras de las tinieblas, que no producen fruto (Efesios 5:3-11).

¿Qué rastros de pecado hay en nuestra alma? ¿Qué obras de las tinieblas? Tiemblo de sólo pensar en hablar de este tema. Por cierto que no puedo señalarte con un dedo acusador ya que soy pecador como todos. Pero he experimentado la cirugía divina y sé cuán importante es completar este proceso.

El secreto de la renovación continua es el quebrantamiento y el arrepentimiento. En humildad debemos pedir al Espíritu Santo que en forma repetida examine nuestro corazón. ¿Está limpia o contaminada nuestra conciencia? ¿Debemos confesar debilidades o fracasos? Examinar nuestro corazón es más que un breve instante de reflexión, pero el proceso puede comenzar en cualquier momento: durante el mensaje que predique el pastor el domingo próximo, mientras leemos la Biblia mañana por la mañana, o incluso antes que concluyamos de leer de este capítulo. Sé que el Señor quiere hablar a mi corazón mientras escribo sobre el tema. Pídele que te hable mientras continúas la lectura.

Cuando Dios comienza a hablarnos, la tentación es decirnos que ese mensaje es para otra persona. Si un sermón es convincente, nos decimos: "Espero que la Sra. López esté escuchando atentamente." O bien empezamos a leer algo que habla a nuestra alma pero se lo damos a otro para quitar la presión de nosotros. En vez de pensar en otros que necesitan este mensaje, pidamos a Dios que en los próximos minutos hable a nuestro corazón.

Camino a la indiferencia moral

Los cristianos nunca caen en un pecado grosero de la noche a la mañana. El pecado por lo general va ganando terreno poco a poco, centímetro a centímetro. Una pequeña desobediencia resultado de falta de dedicación y consagración a Dios al final lleva a cosas mayores. El teólogo C.S. Lewis dice que las grandes decisiones por lo bueno o lo malo están condicionadas por las pequeñas elecciones hechas en el camino.

Esas pequeñas elecciones pueden terminar cambiando la dirección de nuestra existencia. Quienes hacen naufragar su vida nunca tuvieron la intención de alejarse tanto del rumbo marcado. Pero un pequeño engaño aquí, una mentirilla allá, y otras pequeñas cosas disminuyeron la sensibilidad moral y espiritual y los condujeron a una terrible catástrofe.

Consideremos por un momento las pequeñas elecciones que hemos hecho en la vida. ¿Estás yendo a la deriva hacia un mar de indiferencia? Por favor no pases por alto las páginas siguientes, sino pídele a Dios que examine tu corazón mientras piensas en algunas de las áreas en que estás por transigir con el pecado.

Sumergido en uno mismo

Hoy día todo el mundo está hablando de autoaceptación, autoafirmación, autocomprensión, autoconocimiento, autocrítica, autodesarrollo, autodescubrimiento, autodeterminación, autodidáctica, autogratificación, automejoramiento, autopercepción, autosatisfacción, autosuficiencia.

Inmediatamente reconocemos el común denominador de cada cosa: el yo, el peor enemigo de la llenura del Espíritu.

Nuestra cultura aprueba la egolatría, el culto a uno mismo. Somos bombardeados con ese concepto a través de artículos en los diarios y las revistas, programas de radio y televisión e infinidad de avisos comerciales. El mundo habla del yo constantemente, y nos resulta fácil hacer lo mismo.

Hace poco me enteré de la esposa de un pastor que había comenzado una clase de danza para tratar de adelgazar un poco. Una de las razones para ir es que quería ser ella misma. La clase estaba llena de mujeres divorciadas que protestaban diciendo que los hombres son "todos sinvergüenzas", "egoístas indiferentes" y "sin corazón". Esta mujer, esposa de pastor, lo creyó y terminó abandonando a su marido. ¿La razón? En primer lugar había centrado toda la atención en ella misma.

Tú y yo podemos caer en la misma trampa, y podemos justificar nuestro proceder. Existen cantidades de excusas lógicas. Podemos usar la excusa que queramos, pero está destruyendo matrimonios y hogares. Al estar sumergida en sí misma, la gente olvida el verdadero significado y propósito en la vida.

Los chismes

Tal vez pienses: "Vamos, Luis. Ocúpate de pecados graves..." Sin embargo, éste es grave. La mayoría de nosotros no vamos a cometer adulterio —aunque más no fuere por simple temor de Dios. Pero los chismes, las cosas que no debieran repetirse de boca en boca, lastiman en gran manera a las familias cristianas y a las congregaciones. El chisme no es una mentira acerca de otro. Eso sería calumnia. El chisme tiene lugar cuando oímos algo probablemente cierto sobre alguien, y lo repetimos cuando sabemos que no debiéramos hacerlo. Todos tenemos esta tendencia, a los demás les encanta sonsacarnos secretos y confidencias, y a nosotros nos fascina escucharlos de boca de otros.

Hay quienes son imanes para los chismes. Saben cosas que ni siquiera el FBI o el servicio secreto nacional ha descubierto aún. Tal vez tengas un amigo de esa clase, y cada vez que hablas con él o ella te sientes sucio. Es difícil detener a una persona para que no nos pase chismes, y más difícil aun es olvidar el chisme en vez de repetirlo a otro. Recordemos que la Escritura nos ordena librarnos de este pecado (Proverbios 13:3; 15:17a; 20:19; 26:20) y confesarlo.

La incredulidad

Tal vez éste sea el pecado más grave y devastador. Quizás no lo admitamos a nuestros padres, cónyuge o hijos,

36

pero en nuestro corazón cuestionamos lo que la Palabra de Dios enseña en forma clara. Esto deshonra al Señor.

Tomemos como ejemplo el mandamiento del Señor de buscar *primeramente el reino de Dios y su justicia,* y su promesa de que *todas estas cosas* [necesidades materiales] *serán añadidas* (Mateo 6:33). Este es uno de mis versículos favoritos, uno que a menudo escribo cuando los niños me piden que firme su Biblia. Amo ese versículo, lo creo, sé que es verdad, y por más de 40 años mi vida ha sido prueba de ello. No obstante, muchas veces desespero por necesidades de dinero o de otro tipo. El Señor nunca me ha fallado, pero a veces tengo temor y me falta fe. Eso es cometer el pecado de incredulidad.

O tomemos la promesa de que el *pecado no se enseñoreará de vosotros; pues no estáis bajo la ley, sino bajo la gracia* (Romanos 6:14). Alguien podría alegar que este versículo no es una promesa, o que únicamente los que abogan por la piedad y la santidad pueden creerlo de todo corazón. Es como si tu mejor amigo dijera que te comprará un precioso regalo, y tu contestaras: "Es ridículo. No te creo. No tienes la más mínima intención de comprarme ese obsequio." Tal vez suceda justamente eso después de tu respuesta pues tu amigo se sentiría lastimado y estaría disgustado contigo, y con razón. ¿Y acaso no insultamos a Dios de la misma manera cuando nos negamos a creer en sus promesas?

¿Hay cinismo en tu alma? ¿Desechas las claras promesas de Dios? Cuando oyes acerca de las maravillosas posibilidades de la vida cristiana, ¿acaso tu respuesta es "Sí, seguro, di todo lo que quieras, pero no puede ser realidad"? Hoy mismo trae esa incredulidad a la cruz de Cristo.

Espíritu desagradecido

Muchos cristianos disfrutan de bendiciones materiales, pero es fácil quejarse por lo que uno no tiene en lugar de alabar a Dios por todo lo que Él ha provisto.

Años atrás cuando mi esposa y yo nos estábamos preparando para ser misioneros, nuestro sostén era mínimo, y por cierto que no parecía ser suficiente para una familia de cuatro personas. No obstante, nosotros nos gozábamos en que el Señor proveería para todas nuestras necesidades. Otro misionero se enteró de mi alabanza al Señor y comentó burlonamente: "Vamos, Luis, ese dinero no es suficiente para que una familia sobreviva." Yo no le contesté, pero nunca olvidé sus palabras. Hoy ese hombre está divorciado y anda en búsqueda de sus propios sueños en vez de estar sirviendo al Señor. Era un cristiano desagradecido. En vez de decir: "Señor, gracias que tengo salud, tengo comida y tengo ropa para vestirme," protestaba por lo que no tenía.

Creo que la ingratitud es un gran pecado contra el Señor. Tal vez no hayas tenido el éxito que soñaste en un principio. Quizás las cosas no vayan muy bien en el hogar. Pero el Señor se entristece si aun en medio de tus problemas olvidas agradecerle por su bondad para contigo. Además apagas la obra del Espíritu Santo en tu vida y no le permites a Dios derramar sobre ti más bendición.

Resentimiento

Dado que nuestra cultura ha hecho del materialismo casi una religión, cada vez es más fácil volverse resentido. Mi padre trabajó muy duramente, y gracias a ello, a su sabia previsión y a la bendición del Señor en su vida, con el tiempo se convirtió en un comerciante de bastante dinero. Pero cuando falleció en forma repentina cuando yo era sólo un niño, pasaron apenas tres años y mi familia estaba viviendo en la pobreza —hasta el extremo que durante ocho meses no pudimos pagar el alquiler de la casa en que vivíamos. El dueño no nos echó a la calle sólo por misericordia.

A pesar de que éramos pobres, mi madre nunca se resintió. Cada vez que oíamos que alguien se iba de vacaciones o compraba algo excéntrico, ella siempre decía:

"¿No es emocionante?" Nunca se quejó, diciendo: "Ellos saben que soy una viuda con seis hijos y que estamos en la miseria. ¿Por qué en vez de gastar el dinero de esa manera no nos lo dan a nosotros?" Mamá nos enseñó a no albergar resentimiento hacia otros. A veces lo único que había en casa para alimentarnos a los siete era pan con un poco de ajo. Pero mi madre siempre se gozaba cuando otros prosperaban. Su actitud fue para mí un magnífico ejemplo.

La Escritura no sólo dice *llorad con los que lloran,* sino también *gozaos con los que se gozan* (Romanos 12:15). El resentimiento es un horrible pecado. Es mejor regocijarse, aunque más no sea para bien propio. El resentimiento sólo te convertirá en una persona indeseable, de modo que alégrate con los que se alegran. Hazlo porque es un mandato del Señor y porque él merece que lo hagas. Es bueno que comiences el hábito de gozarte con otros en voz alta, especialmente si sientes una pizca de resentimiento.

Las quejas por pequeñeces

He visto muchos avivamientos en 30 años de ministerio. El primero fue en una iglesia colombiana donde estuve como misionero-evangelista. Ese avivamiento casi quedó en la nada debido a que los cristianos se quejaban por trivialidades.

A las dos semanas de haber comenzado el avivamiento, uno de los ancianos de la iglesia se puso de pie y tomó la palabra durante un culto. Este anciano había gastado el equivalente de, digamos, quince dólares comprando flores para la iglesia. Por una confusión, al decorar el área del púlpito se usaron las flores de otra persona.

"No es justo," protestó el anciano. "Era mi turno para comprar flores. ¿Qué haremos con todo el dinero que gasté?" Y el hombre presentó la queja ante el auditorio lleno, incluyendo decenas de nuevos creyentes en la congregación. Esta reacción ante algo irrelevante y pasajero agitó los ánimos hasta el punto que casi arruinó la reunión. A menudo son las pequeñeces las que hacen desaparecer el gozo del Señor de en medio de nosotros. Las pequeñeces acumuladas y sin confesar pueden devastarnos tanto a nosotros como también a los que nos rodean.

Antes que mi esposa y yo fuéramos a Colombia en nuestro primer viaje misionero, fuimos enviados a visitar una iglesia que ese domingo en la noche llevaba a cabo una reunión administrativa. El pastor y su esposa estaban sentados en los primeros bancos. Uno presentía que habría problemas.

Cuando se dio por comenzada la reunión, una dama se puso de pie y manifestó:

—Es mi sentir que nuestro pastor... —y presentó su queja.

—Coincido con la Sra. Fernández —agregó un hombre—. El pastor ha hecho esto y aquello.

Ahora bien, el pastor no había cometido un pecado, pero la gente se quejaba por trivialidades a las que daba una importancia extrema.

De pronto una adolescente se puso de pie y con lágrimas dijo: —¿Qué están haciendo? ¿Por qué están lastimando a mi papá? El es un hombre maravilloso. Ama a toda la congregación. Ora por ustedes cada mañana. Yo misma lo he escuchado llorar por ustedes. ¿Por qué están diciendo todas estas cosas sobre él?

—Es increíble —pensé yo—. ¡Qué ruines podemos llegar a ser los cristianos! ¡Las cosas que llegamos a decir sobre nuestros hermanos! Por supuesto que cometemos errores... ¡*Todos* cometemos errores!

El descuido en las ofrendas

Si consideráramos el porcentaje de cristianos que ofrenda para el evangelismo local o para la obra misionera en otros países, las estadísticas parecen demostrar que casi un 85% permanece indiferente a la Gran Comisión. Es difícil de creer si recordamos lo mucho que Dios nos ha bendecido materialmente.

Cuando no ofrendamos para el evangelismo, la obra misionera y el continuo ministerio de la iglesia local, nos perdemos de disfrutar más bendiciones de Dios. Jesús dijo: *Dad, y se os dará; medida buena, apretada y remecida y rebosando darán en vuestro regazo; porque con la misma medida con que medís, os volverán a medir* (Lucas 6:38). Debemos entregarnos al Señor en un 100%, y luego dar de nuestros bienes con alegría y generosidad.

Cuando mi esposa Patricia y yo recién salimos al campo misionero, mi tendencia era ofrendar en forma espontánea, y por lo tanto esporádica. Cuando me enteraba sobre alguna necesidad, mi respuesta era: "De acuerdo a cómo el Señor guíe." Pero luego el Señor me enseñó el gozo de ofrendar en forma regular y sacrificial.

Ahora siento que es una bendición cuando ofrendo a mi iglesia local y cuando envío ofrendas a siervos de Dios por el mundo. Es un gozo incomparable. ¿Lo has experimentado? ¿O acaso es ésta un área donde debe haber confesión al Señor?

Ignorando los pecados frecuentes

Hay personas que con facilidad vencen la tentación de la mentira o el mal genio, pero sin embargo luchan con la codicia, y ésta se ha convertido en un pecado que una y otra vez vuelve a sus vidas. Para otros el pecado habitual puede ser la ambición desmedida, la envidia, los celos...

Todos tenemos al menos un pecado que nos acosa y continúa asediándonos (Hebreos 12:1). Y tal vez hasta terminemos obsesionados por ese pecado. "¿Por qué me siento atrapado?," preguntamos. "¿Por qué me persigue esta tentación?" Satanás también nos ataca en otras áreas de la vida, pero no debemos sorprendernos si se concentra en nuestro punto débil.

Para nuestra salud y bienestar espiritual, es vital que identifiquemos ese pecado frecuente. El objetivo no es centrar toda nuestra atención en él, pero hasta que lo identifiquemos y demos los pasos necesarios para vencerlo (a lo que me referiré luego), seguiremos cediendo a esa tentación y sintiéndonos más y más frustrados y vencidos.

¿Cuál es tu pecado habitual? ¿Lo has confesado al Señor? ¿Has hecho una lista de pasos prácticos para evitarlo en el futuro? ¿Le has pedido a un cristiano maduro espiritualmente que ore contigo sobre el tema? ¿Estás evitando los lugares de tentación?

Ten cuidado de no caer en la trampa de decir: "He ido demasiado lejos. Estoy atrapado. Nunca más podré tener victoria sobre este pecado." Como veremos en el capítulo 3, el poder de Dios en acción puede liberarte por completo de cualquier pecado, de todo pecado.

He sido testigo de cómo Dios, por el poder de la verdad "Cristo vive en mí", liberó a alcohólicos, prostitutas, asesinos y al mismo tiempo hombres y mujeres con actitudes corrompidas. Puede hacer lo mismo en tu vida.

La falta de verdadero gozo

¿No tienes gozo en tu corazón? Eso también es pecado. Después de todo el mandamiento es: *Regocijaos en el Señor siempre. Otra vez digo: ¡Regocijaos!* (Filipenses 4:4). Sin embargo, la falta de gozo a veces es común en nuestra vida. Hace años tuve que identificar la falta de gozo como lo que en realidad era —uno de mis pecados frecuentes.

Dios no quiere que seamos como payasos, viviendo con muecas de sonrisas pintadas en el rostro. Los payasos tienen su lugar en los circos, pero Dios nos exhorta a estar verdaderamente gozosos día tras día. Esto no significa que no pasaremos por pruebas ni dificultades, pero en medio de esos problemas podremos regocijarnos. Después de todo, cuando el apóstol Pablo escribió esa ordenanza de regocijarse, él estaba preso en una cárcel romana.

La impureza sexual

Este es un tema delicado, pero puede destruirnos si no lo tratamos con claridad. El Rey David lo comprendió luego de cometer adulterio con la esposa de uno de sus generales y hacer matar al militar. David pagó las consecuencias durante el resto de su vida. Pero estoy convencido de que su problema comenzó mucho antes del acto de adulterio en sí. Comenzó cuando él era joven. Al estudiar la vida de David me he convencido de que él nunca presentó este tema ante el Señor. David oraba a Dios sobre si debía ir a la guerra contra los filisteos o si no debía hacerlo. Oraba a Dios en sus aflicciones y lo alababa por su bondad. Por lo que puedo ver, David llevaba casi todo ante el trono de Dios, pero en la Biblia no hallamos ni una sola referencia a que orara por su vida amorosa, por su tentaciones sexuales —el pecado habitual en su vida. Y terminó su vida como un anciano avergonzado cuando pudo haberla terminado victoriosamente.

Es triste y lamentable ver la duplicidad existente en el área sexual. En vez de mantener el ideal divino de pureza, muchos que se dicen cristianos cometen fornicación, adulterio y aun homosexualidad. Es malo y triste que tales cosas sucedan, pero es peor que algunos cristianos incluso traten de justificar tales acciones pecaminosas.

Dios ha prohibido ciertas cosas pues su corazón las aborrece, y sin embargo, las tratamos casi con indolencia. Es un shock para el mundo y para los jóvenes de nuestras iglesias. Luego nos preguntamos por qué no hay bendición, por qué no hay poder ni gozo ni victoria, por qué no hay avivamiento. No hay tales cosas porque no hay santidad. Me disgusta hablar del tema, pero no podemos ignorar la realidad.

Creo que la lucha con la tentación sexual tal vez sea un poquito más difícil para los hombres que para la mayoría de las mujeres. ¿Te sientes tentado a hojear revistas con fotografías sugestivas o pornográficas? ¿Te sientes tentado a ser testigo de inmoralidad en cine o televisión? Si estás cediendo a tales tentaciones, acude al Señor y confiésale tu pecado ahora mismo.

He visto a amigos, aun amigos en el ministerio, que destruyeron sus vidas a causa de impureza sexual. Y además he aconsejado a centenares que experimentaron gran dolor causado por inmoralidad o infidelidad. La Biblia declara que los que se han entregado a Cristo han crucificado la carne con sus pasiones y sus deseos (Gálatas 5:24). Dios quiere que enfrentemos el pecado y terminemos con él sin rodeos y de manera radical.

La amargura

Un amigo mío tuvo una gran depresión emocional. Una vez que se recuperó, salimos a caminar y me advirtió:

—Luis, no permitas que nadie te convierta en una persona amargada. Mis problemas comenzaron cuando me disgusté con el constructor que no hizo un buen trabajo en la ampliación de mi casa. Detestaba cómo había quedado el trabajo, y como éramos vecinos, lo veía casi todos los días. Y cada vez que lo veía mi enojo y mi amargura aumentaban, hasta que estallé.

No es de extrañar que la Palabra de Dios sea tan clara: *Quítense de vosotros toda amargura, enojo, ira, gritería y maledicencia, y toda malicia* (Efesios 4:31). ¿Por qué? Porque si brota alguna raíz de amargura, habrá estorbo y muchos serán contaminados (Hebreos 12:15).

Claro está que no todos sufrirán depresión emocional por un problema de amargura no resuelta, pero he visto a muchos que permitieron que la amargura los envenenara. Una joven mujer en Escocia vino a hablarme luego de un mensaje que prediqué sobre la relación entre padres e hijos.

—No puedo obedecer a mi padre —me dijo—. Se ha ido a Arabia Saudita por tres años. Nunca viene a casa. Me niego a honrarlo y a obedecerlo —continuó, con evidente enojo y amargura.

—La Biblia ordena que honres y obedezcas a tu padre, quieras hacerlo o no —le dije luego que hablamos por un rato. Le recomendé que le escribiera y de manera sincera le dijera cuán dolida se sentía porque el hombre no hacía visitas ni escribía ni llamaba por teléfono. También la insté a confesar su pecado de amargura y a prometerle a su padre que de allí en adelante, y en obediencia a la Palabra de Dios, lo honraría y lo obedecería.

Meses después recibí una nota de esta joven mujer escocesa: "Nunca antes me había sentido tan libre como luego de seguir su consejo y escribirle a mi padre. En realidad, luego de esa carta papá regresó a casa, le pidió perdón a mi madre y a mí, y ahora nuestra familia se ha reconciliado."

Por otro lado, si no extirpamos la amargura de nuestra alma terminaremos resentidos hacia Dios mismo. Este es uno de los peores pecados que podamos imaginar: "Dios, ¿por qué permitiste que esto sucediera?"

Cuando mi esposa enfermó de cáncer, nos dimos cuenta (y lo compartimos con los creyentes amigos) de que hay dos maneras de preguntar por qué. Está el *¿por qué?* amargo y desafiante. Y está el *¿por qué?* inteligente y comprensivo. Uno es blasfemia; el otro es una respuesta lógica de los cristianos hacia las dificultades de la vida.

Muchas veces mientras mi esposa pasaba por los rigores de la cirugía y la quimioterapia, mi oración era: "¿Por qué sucede, Señor? ¿Hay alguna razón en especial? ¿Qué tengo que aprender de esto? ¿Hay algo que mi familia debe aprender? ¿Acaso debo aprender algo yo a fin de poder ministrar a otros de manera más eficaz?"

Esa actitud es totalmente opuesta a decir: "Dios, estoy furioso contigo. ¿Por qué permitiste que mi esposa enfermara de cáncer? Tenemos cuatro hijos..." Tales explosiones emocionales revelan un corazón con amargura y resentimiento.

Ciertos consejeros y psicólogos cristianos piensan que la gente tiene que desahogar su enojo y frustración hacia Dios. Pero ¿desde cuándo Dios es el culpable? Sin embargo, en gran cantidad de artículos y libros se justifica este tipo de blasfemia, que no por eso deja de ser un pecado.

Es fácil culpar a Dios por la maldad de otros. A través de los años he tenido que tolerar terribles críticas, ataques y acusaciones injustas de parte de enemigos del evangelio. En ciertos países muchos trataron de destruirme a mí y a mi ministerio. Eso duele. Por naturaleza quiero tomar venganza ya que no es justo. Pero en el momento en que me inunda la ira y la amargura, estoy contristando al Espíritu Santo.

Si sientes amargura hacia alguien, e incluso hacia el Señor, no lo tomes a broma sino pídele que proceda a realizar una obra de cirugía divina. Arrodíllate junto a tu cama o en el sitio que te sea posible, y a solas confiésale a Dios en qué consiste tu amargura. Dile al Señor todo lo que sientes. Sí, él ya conoce los detalles, pero de todos modos es importante que los confieses.

Limpiando la pizarra

Es tiempo de arreglar las cuentas con Dios. Pídele que examine tu corazón ahora mismo. Pasa un rato a solas con el Señor. Toma lápiz y papel. En el margen superior izquierdo escribe: "Cosas que debo arreglar con Dios." En el margen superior derecho escribe: "Cosas que debo arreglar con otros."

En la columna de la izquierda escribe todos los pecados que Dios te muestre, sean los que fueren. En este capítulo sólo consideramos algunos. Podríamos haber elegido cientos de otros que menciona la Escritura: pecados como la impaciencia, la preocupación, el orgullo, el fariseísmo, el espíritu independiente, la holgazanería, la codicia, el abuso del alcohol, el uso de drogas, la negligencia, el espíritu de división, la deslealtad, las exigencias a otros, la falta de oración, el descuido de la Cena del Señor, la falta de compromiso con la iglesia local.

Pídele a Dios que haga una profunda labor en tu alma. Anota cada pecado del que eres culpable, y no importa si necesitas media hoja o media docena. No te apresures. No des por sentado que en tu vida no existen pecados sin confesar. No permitas que se amontonen porque siempre vives de prisa. Aparta tiempo en que puedas estar a solas ante el Señor. Permítele que examine cada área de tu vida. Si eres sincero en tu oración, él te mostrará pecados específicos.

Cuando hagas la lista de pecados, en la columna de la derecha escribe los nombres de todos aquellos a quienes has lastimado, engañado, aquellos hacia quienes sientes amargura, personas sobre quienes has andado en chismes, a quienes no has mostrado amor y compasión, personas a quienes has defraudado, o cualquiera haya sido la ofensa. Si eres joven, tal vez no hayas terminado de buenas maneras tu relación con un amigo, tu novio o tu novia. Lastimaste a esa persona pero nunca le pediste perdón. O quizás la relación con tus padres, hermanos o cónyuge esté deteriorada. ¿Has confesado tu mal obrar? ¿Estás en verdad buscando la reconciliación? ¿Has perdonado a la otra persona aun cuando no quiera hacer las paces contigo?

¿Hay alguien a quien debes hacer restitución? Quizás has hecho trampa en algún negocio o hayas dejado de lado una deuda que debías pagar. Como Zaqueo el recolector de impuestos, tal vez te hayas aprovechado de la gente. ¿Estás dispuesto a romper con el pecado? ¿Quieres arreglar las cosas?

—Si hiciera una lista completa de mis pecados sin confesar —me dijo una vez un estudiante universitario—, creo que tendría que escribir como 500 cosas.

—¿Qué es lo peor que has hecho y crees que debes solucionar? —le pregunté.

Me confesó que una noche luego de un partido de fútbol cuando todavía estaba en la escuela secundaria, él y tres amigos habían prendido fuego a una estación de servicio y habían destruido tres automóviles. Le respondí al joven que debía confesar a Dios lo sucedido, y luego ir y hacer restitución.

—Pero nunca podría pagar —objetó, aunque en realidad en su interior ya estaba pagando. Muchas veces había pensado en suicidarse pues el pecado escondido lo estaba consumiendo.

El cáncer del pecado crece sin tregua. No podemos demorar la divina cirugía de Dios en nuestra vida —aunque la cirugía sea dolorosa. Pasa tiempo ante el Señor y permite que hable a tu corazón. Haz una lista de los pecados de que eres consciente, y pídele a Dios que te revele tus fallas ocultas. Incluye todo en la lista, pero no escribas tu nombre ni la dejes a la vista para que la vean los demás.

Al componer la lista de cosas que debes arreglar con Dios y con otros, no debes sentirte abrumado por una culpa indefinida. ¿Por qué? Porque el Espíritu Santo que vive en nosotros claramente señalará los pecados que hemos cometido.

Satanás nos acusa, pero el Espíritu produce convicción. Si sientes un vago sentido de culpa pero no eres capaz de reconocer un pecado en particular, ese sentimiento de culpa probablemente no es del Señor. Pregúntale: "Señor, ¿este sentido de culpa viene de ti? Si viene de ti, por favor haz claro a mi corazón aquello que he hecho mal." El Espíritu Santo no nos acusa, condena ni tiende una nube de culpa y depresión sobre nosotros. Si pasamos tiempo en quietud ante Dios, él nos convencerá de pecados específicos que hemos cometido.

Escuchar al Señor y tomar nota de nuestros pecados es un crucial primer paso hacia la renovación radical. *El que encubre sus pecados no prosperará; mas el que los confiesa y se aparta alcanzará misericordia* (Proverbios 28:13). Las opciones son o bien encubrir nuestros pecados y recoger las consecuencias, o confesarlos a Dios y permitirle que obre en nuestra alma.

Te animo a arreglar las cuentas con Dios en forma inmediata. Confiésale todos los pecados que el Espíritu Santo traiga a tu mente. No tienes que rastrear pecados viejos que ya han sido perdonados. Pero pídele a Dios que te limpie de los pecados ocultos en tu alma (Salmo 19:12).

¿Estás dispuesto a hacerlo? ¿Estás listo? Es mi oración que así sea. Aunque ya le hayas pedido a Dios que examine tu corazón, pídeselo una vez más. En el capítulo siguiente consideraremos qué hacer con esa lista una vez que la hayas concluido.

UN MOMENTO DE REFLEXION

1. *"Hay una sola cosa que puede evitar que disfrutemos plenamente de la vida cristiana."* ¿Qué es? ¿Has vistos sus efectos en tu vida?

2. *"A menos que nos sometamos a la cirugía divina, el pecado aumentará y como un tumor maligno crecerá más y más en nuestra alma."* Si no arreglamos los pecados que no hemos confesado a Dios, ¿cuáles son las posibles consecuencias? ¿De qué manera podemos ser más sensibles al pecado?

3. *"El secreto de la renovación continua es el quebrantamiento y el arrepentimiento."* ¿Qué debe ocurrir en tu vida para que eso suceda?

4. *"La incredulidad tal vez sea el pecado más grave y devastador."* ¿Qué es lo que produce incredulidad en nuestro corazón? ¿Cómo podemos protegernos?

5. *"Dado que nuestra cultura ha hecho del materialismo casi una religión, cada vez es más fácil volverse resentido."* ¿Cuál debe ser nuestra actitud si comenzamos a sentir resentimiento hacia los que poseen cosas que nosotros no tenemos? ¿Y qué hacer si advertimos que otros se han resentido contra nosotros?

6. *"Todos tenemos al menos un pecado que nos acosa y continúa asediándonos."* ¿Cuál crees que es tu pecado frecuente? ¿Cuánto hace que tienes el problema? ¿Qué haces para solucionarlo?

7. *"Dios quiere que enfrentemos el pecado y terminemos con él sin rodeos y de manera radical."* ¿Por qué Dios se preocupa tanto por el pecado en nuestra vida? ¿Cuáles son algunas de las consecuencias del pecado no confesado?

PARA PONER EN PRACTICA

1. En este capítulo he mencionado más de 40 pecados que pueden evitar nuestro disfrute de la vida cristiana. No es una lista completa, pero toma un par de minutos para releerla. ¿Sientes que el Espíritu Santo está punzando tu conciencia en alguna de estas áreas?

abuso de bebidas alcohólicas
adulterio
amargura
ambición extrema
amistad rota
ansiedad
celos
chismes
codicia
descuido en la ofrenda
descuido para con la Cena del Señor
deslealtad
deudas dejadas de lado
envidia
espíritu de división
espíritu independiente
exigencias ilógicas
falta de compromiso para con la iglesia
falta de oración
fariseísmo
fraude
holgazanería
homosexualidad
hurto
impaciencia
impureza sexual
incredulidad
indiferencia moral
infelicidad
ingratitud
mal genio

mentiras
negligencia
noviazgo mal terminado
orgullo
pecado habitual
pornografía
quejas por pequeñeces
relaciones familiares deterioradas
resentimiento
sumergirse en uno mismo
uso de drogas

2. Busca en tu Biblia Salmo 19:2 y 139:23-24. Medita en estos versículos y pide al Espíritu Santo que examine tu corazón y señale pecados específicos.

3. Luego de orar, toma tu libro de apuntes. En la esquina superior izquierda de una página escribe: "Cosas que debo arreglar con Dios esta semana." Haz una lista de los pecados que conozcas y necesitas confesar al Señor. Permítele que examine cada área de tu vida.

4. Luego en la esquina superior derecha de la misma página escribe: "Cosas que debo arreglar con otros." Haz una lista de aquellos contra quienes has pecado, y una pequeña descripción de lo que necesitas hacer para arreglar la situación.

5. Si fuera posible, continúa con el capítulo que sigue y da los pasos allí delineados.

Capítulo 3

LA VIDA LIMPIA

El Señor no nos fuerza a admitir que al caminar por este mundo hemos sido contaminados. Sin embargo nos dice: "Si no te lavo, no tendrás parte conmigo."

En nuestro mundo moderno, los gobiernos municipales de ciudades y pueblos tratan de mantener la ciudad limpia, bella, y de agregar nuevos toques que aumenten la belleza del lugar: espacios verdes bien cuidados, flores y plantas, nuevos diseños arquitectónicos, todo en la medida de las posibilidades y recursos locales.

En la ciudad en que vivo una de los edificios más modernos es un centro de convenciones que tiene dos torres gemelas de 85 metros de altura. Poco antes que la construcción se completara, las bellas torres de vidrio color jade presentaron un problema que amenazó demorar la terminación del proyecto.

Aparentemente al hacer el diseño a nadie se le había ocurrido pensar cómo se limpiarían esas torres. Recién cuando los edificios estaban casi terminados alguien se dio cuenta del problema. Los sistemas comunes de limpiado de ventanas no eran adecuados, de modo que hubo que contratar a una empresa de ingeniería para que descubriera la manera de evitar que las torres estuvieran permanentemente sucias y descoloridas.

Les damos gracias a Dios que mucho antes de crear a Adán y Eva pensó en el problema de limpiar nuestro corazón. Y aunque el plan de redención demoró varios miles de años en completarse, Dios sabía exactamente qué haría para limpiarnos.

Es la noche anterior a la crucifixión. Jesús sabe que Judas ya lo ha traicionado. Sabe lo que ocurriría en las próximas horas. Sin embargo, durante la cena ocurre algo asombroso. Y es en ese evento que encontramos el remedio para nuestro pecado.

Antes de la fiesta de la pascua, sabiendo Jesús que su hora había llegado para que pasase de este mundo al Padre, como había amado a los suyos que estaban en el mundo, los amó hasta el fin. Y cuando cenaban, como el diablo ya había puesto en el corazón de Judas Iscariote, hijo de Simón, que le entregase, sabiendo Jesús que el Padre le había dado todas las cosas en las manos, y que había salido de Dios, y a Dios iba, se levantó de la cena, y se quitó su manto, y tomando una toalla, se la ciñó. Luego puso agua en un lebrillo, y comenzó a lavar los pies de los discípulos y a enjugarlos con la toalla con que estaba ceñido.

Entonces vino a Simón Pedro; y Pedro le dijo: Señor, ¿tú me lavas los pies?

Respondió Jesús y le dijo: Lo que yo hago, tú no lo comprendes ahora; mas lo entenderás después.

Pedro le dijo: No me lavarás los pies jamás.

Jesús le respondió: Si no te lavare, no tendrás parte conmigo.

Le dijo Simón Pedro: Señor, no sólo mis pies, sino también las manos y la cabeza.

Jesús le dijo: El que está lavado, no necesita sino lavarse los pies, pues está todo limpio; y vosotros limpios estáis, aunque no todos. Porque sabía quién le iba a entregar; por eso dijo: No estáis limpios todos.

Así que, después que les hubo lavado los pies, tomó su manto, volvió a la mesa, y les dijo: ¿Sabéis lo que os he hecho? Vosotros me llamáis Maestro, y Señor; y decís bien, porque lo soy. Pues si yo, el Señor y el Maestro he lavado vuestros pies, vosotros también debéis lavaros los pies los unos a los otros. Porque ejemplo os he dado, para que como yo os he hecho, vosotros también hagáis. De cierto, de cierto os digo: El siervo no es mayor que su señor, ni el enviado es mayor que el que le envió. Si sabéis estas cosas, bienaventurado seréis si las hiciereis (Juan 13:1-17).

Aceptando nuestra impureza

En tiempos del Nuevo Testamento, el lavado de pies era un acto necesario pues la gente acostumbraba a sentarse alrededor de la mesa, recostada sobre almohadones. Tener los pies sucios durante la comida era una actitud casi grosera. Hoy día nos sentamos en sillas y escondemos los pies bajo la mesa, pero en aquellos tiempos los comensales se descalzaban y al sentarse los pies quedaban muy próximos a la nariz de la otra persona. El lavado de pies, por lo tanto, era un acto importante y necesario. Animales y desperdicios eran comunes en las calles, que a la sazón no estaban empedradas ni pavimentadas. Para colmo de males, todo el mundo calzaba sandalias, de manera que cuando una persona llegaba a una reunión hogareña, por más que se hubiese bañado antes de salir, los pies se habían ensuciado con el polvo del camino. A los esclavos y siervos se les asignaba la ingrata tarea de lavar los pies a los huéspedes.

En la ocasión que relata el pasaje bíblico, Jesús y sus discípulos habían tomado prestado un aposento para comer juntos la última pascua. No había sirvientes, y ninguno de los discípulos había querido lavar los pies de los demás. Sólo Jesús estuvo dispuesto a realizar esa tarea porque no vino *para ser servido sino para servir, y para dar su vida en rescate por muchos* (Marcos 10:45).

Trata de imaginar la escena. Era el día anterior a su muerte, pero en vez de preocuparse por el trago amargo de la cruz, Jesús realiza la tarea que hubiera correspondido a un esclavo. El mismo Maestro, el Hijo de Dios, el Creador de los cielos y la tierra, se hinca de rodillas. Los discípulos debieran haber lavado los pies de Jesús, pero el Señor se arrodilló, lavó los pies de uno de sus discípulos y los secó con la toalla que se había ceñido a la cintura. Luego se arrodilló ante otro discípulo e hizo lo mismo, uno por uno hasta llegar a Pedro.

Es entonces que el relato centra nuestra atención en este discípulo, uno de los más prominentes. Pedro estuvo presente cada vez que el Señor había sanado a alguien, y también estuvo allí cuando Jesús tomó consigo a sus seguidores más íntimos para que fueran testigos de la transfiguración. Pedro sobresalía entre los demás discípulos. Era un líder con un gran celo por las cosas de Dios. Como vocero del grupo, fue el primero en declarar que creía en Jesús como Mesías, el Cristo, el único Hijo de Dios. Sin embargo, era arrebatado e impulsivo, y más de una vez sus declaraciones precipitadas lo pusieron en problemas.

Cuando Jesús se inclinó para lavar los pies de Pedro, éste no pudo reprimirse: "¿Qué? ¿Vas a lavar mis pies?" Los otros discípulos habían quedado paralizado, atónitos de que el Maestro tomara el lugar de un esclavo. Pero Pedro con su bocaza no iba a permitirlo. En ese momento el ambiente en el aposento alto parecía estar cargado de electricidad.

Ahora bien, todos habían llegado con pies sucios y contaminados. Aunque sólo hubieran caminado unas pocas cuadras por las polvorientas calles de Jerusalén, no podían tener los pies limpios —al margen del baño que hubieran tomado antes de salir.

De la misma manera, tú y yo a menudo nos contaminamos al caminar por el mundo. Aunque tratemos de agradar a Dios en todo, oímos cosas que no queremos oír, vemos cosas que no planeábamos ver. Muchos cristianos se enfrentan a tentaciones en sus lugares de trabajo. No importa si leemos la Escritura y memorizamos porciones, pasamos tiempo en oración y cantamos canciones a Dios antes de empezar las actividades del día. Es imposible evitar la contaminación. Puede ser una mirada codiciosa, un acto deshonesto, un pensamiento impuro, una palabra mentirosa, una actitud hipócrita. O tal vez trabajas con quien se viste provocativamente o hace insinuaciones amorosas a los compañeros y a los clientes. No pasará mucho tiempo antes que nos contaminemos.

Si queremos experimentar una renovación radical, debemos ser sinceros y admitir: "Señor Jesús, me he contaminado al caminar en este mundo corrompido. Quiero volver a tener plena comunión contigo y mis hermanos en Cristo, pero quiero estar limpio, no con los pies sucios."

Esa es la imagen que veo en el aposento alto. El Señor se humilló, les lavó los pies, y los discípulos fueron suficientemente humildes como para aceptarlo en silencio, pero Pedro muestra su corazón rebelde y desafiante.

Reconociendo nuestra actitud rebelde

Los pies polvorientos de Pedro eran símbolo de un problema más profundo, pero él no quería admitirlo. Al principio parecía que Pedro mostraba humildad, pero si prestamos atención advertimos orgullo y arrogancia en sus palabras: "No me lavarás los pies jamás."

¡Qué contradicción! Pedro no se estaba dirigiendo a uno de los otros discípulos sino que le estaba hablando a Jesucristo, el Mesías, el Salvador, el Rey de reyes y Señor de señores.

Sin embargo, el proceder de Pedro no tomó por sorpresa a Jesús quien, por medio de una frase chocante pero llena de amor, le hizo clara la necesidad de limpieza. El Señor le estaba diciendo: "De acuerdo, Pedro, no te lavaré los pies si no quieres, pero entonces no tendrás parte conmigo."

En nuestro caso sucede lo mismo. El Señor no nos obliga a admitir que hemos sido contaminados por el pecado; no nos fuerza a orar rogando limpieza. Sin embargo, no por ello debemos creer que es complaciente con el pecado. Podemos engañar a los demás y asegurar que todo está bien, cuando por otra parte el Señor nos está diciendo: "No puedes tener parte conmigo." No podemos tener parte en el servicio, en la adoración ni en la comunión. Por supuesto que podemos ir a la iglesia, cantar himnos y orar, pero el Señor seguirá diciendo: "Si no te lavo no puedes tener parte conmigo."

Es precisamente aquí donde un gran número de cristianos se detienen en su caminar. Hombres y mujeres mayores, aun pastores y sus cónyuges, nunca han avanzado más allá del hecho de haber sido limpiados de todo pecado. No han siquiera comenzado a experimentar la renovación de Dios en su vida.

Es triste pensar que alguien sea hijo de Dios y a la vez viva una vida miserable y frustrada. Pero sucede porque hay pecado en el corazón. Una y otra vez el Señor ha dicho: "Deja que te lave los pies," y vez tras vez la persona se ha negado, de manera que el Señor contesta: "Está bien, pero no puedes tener parte conmigo."

El Señor usa palabras fuertes para contraatacar el orgullo de Pedro, y esas palabras también son para nosotros. Seas pastor o líder en tu iglesia, ejecutivo o profesional, profesor universitario o estudiante, un joven lleno de ideales o una ama de casa agobiada por la rutina, cualquiera sea la situación, si eres cristiano Jesús te dice: "Deja que te lave los pies. Si no lo hago, no podrás tener parte conmigo."

Si nos hemos contaminado, no podemos hacer como que estamos caminando en la luz con el Señor. Sin esa limpieza continua seguiremos siendo hijos de Dios pero no tendremos poder en nuestra vida ni podremos serle agradables (Hebreos 9:14).

De la misma manera que en el primer siglo la gente debía lavarse los pies repetidamente, también nosotros cada día debemos lavar nuestros pies espirituales. Si no lo hacemos, perdemos la bendición de Dios en nuestra vida y ministerio.

Tal vez incluso seas un misionero. ¡Magnífico! Pero... ¿están limpios tus pies? Dios puede haberte dado el don de ganar gente para su Hijo Jesucristo, pero no hay razón para que te siga usando si no caminas en santidad y limpieza.

La Biblia declara que quienes somos "maestros" seremos juzgados con más severidad (Santiago 3:1). Si estamos en una posición de liderazgo o tenemos parte activa en el servicio al Cuerpo de Cristo, nuestra responsabilidad de caminar santamente se hace doble. Cuanto más santos somos, más puede usarnos Dios.

Dios es un Dios de amor, por eso está a nuestros pies listo para lavarlos, pero también es un Dios justo. No podemos separar su amor de su justicia. Es absurdo pensar que podemos pecar todo lo que queramos pues Dios es amor y tendrá que perdonarnos.

El Nuevo Testamento nos advierte: *No os engañéis; Dios no puede ser burlado: pues todo lo que el hombre sembrare, eso también segará. Porque el que siembra para su carne, de la carne segará corrupción; mas el que siembra para el Espíritu, del Espíritu segará vida eterna* (Gálatas 6:7-8)

¿Estás en una buena relación con tu Padre celestial? ¿Existen nubes entre tú y otros o hay un cielo despejado? En otras palabras, ¿están limpios tus pies?

Admitiendo nuestra desesperación

Ante la contestación categórica de Jesús de que no tendría parte con él, Pedro va al otro extremo, se rinde incondicionalmente y con corazón quebrantado exclama:

"Señor, no sólo mis pies, sino mi cabeza y mis manos también. Lávame todo." Vemos a un hombre desesperado, y su reacción hasta puede hacernos sonreír. Se da cuenta de que ha dicho una locura y comprende la realidad trágica de su condición: "Señor, no me dejes de lado. Quiero tener parte contigo. No me abandones." Para Pedro esa posibilidad era terrible. Y es terrible pensar que pueda sucedernos a nosotros también. Pero si nos negamos a la limpieza diaria, acabaremos en la tribuna y sin jugar el partido; estaremos como el libro en el estante de la biblioteca, sin ser leído; como el memorándum olvidado que se archiva para siempre. ¡Es una posibilidad espantosa!

La respuesta de Jesús al pedido de Pedro fue que no había que ir al otro extremo, que no era necesario lavar la cabeza y las manos también, ya que quien ha sido bañado no necesita sino lavarse los pies.

Cuando una persona recibe a Jesucristo como Salvador es como si recibiera un baño espiritual. Hemos sido purificados y lavados con la sangre de Cristo. Posicionalmente estamos limpios pues fuimos justificados por la fe (Romanos 5:1). Sin embargo, necesitamos lavarnos en forma repetida porque aunque el baño fue completo y a los ojos de Dios estamos lavados para siempre, nuestros pies se ensucian en el camino de la vida. A veces nos volvemos rebeldes y desobedientes, y en forma deliberada nos metemos en líos. Por lo tanto debemos sentarnos humildemente mientras el Señor Jesús, arrodillado junto a nosotros, nos lava los pies. El Maestro está de rodillas a tu lado, llamándote: "Quítate el calzado. Te has ensuciando con el polvo del mundo. Déjame lavarte ahora mismo."

El Señor puede lavarnos porque cuando fue crucificado cargó sobre sí toda nuestra contaminación y rebeldía. *Quien llevó él mismo nuestros pecados en su cuerpo sobre el madero, para que nosotros, estando muertos a los pecados, vivamos a la justicia; y por cuya herida fuisteis sanados... Porque también Cristo padeció una sola vez por los pecados, el justo por los injustos, para llevarnos a Dios, siendo a la verdad muerto en la carne, pero vivificado en espíritu* (1 Pedro 2:24; 3:18). ¿Has perdido el gozo del Señor? ¿Has perdido tu poder? ¿Has perdido el ánimo? No esperes más. Ve al Señor y dile: "Maestro, has visto la lista de mis pecados. Sabes todo lo que he hecho. Por favor lávame, límpiame, purifícame. Quiero amarte y servirte otra vez con todo mi corazón."

Haz esa oración y experimentarás la realidad de que *si andamos en luz como él* [Dios] *está en luz, tenemos comunión unos con otros, y la sangre de Jesucristo su Hijo nos limpia de todo pecado* (1 Juan 1:7).

Debemos preguntarnos: "¿Qué he hecho para herir al Señor y a mis hermanos?" Con humildad confesemos nuestros pecados ante el Señor y pidámosle que nos limpie. Luego entonces aclaremos la situación con la persona que hemos lastimado u ofendido.

No digas: "El Maestro me ha lavado los pies, de modo que no necesito pedir perdón a nadie." Si estamos quebrantados por nuestro pecado, habremos de arreglar cuentas con los demás, y estaremos limpios y libres de la culpa.

La Biblia declara: *Si confesamos nuestros pecados, él* [Dios] *es fiel y justo para perdonar nuestros pecados, y limpiarnos de toda maldad* (1 Juan 1:9). Y no se refiere sólo a los pequeños pecados sino a *toda maldad.*

Tal vez digas: "Pero Luis, yo cometí un pecado grave, muy grave. ¿Acaso Dios también me perdonará eso?" Sí, si lo confesamos.

Confesar es simplemente decir lo que has hecho. Cuando alguien confiesa un crimen, le dirá al policía o al juez: "Sí, robé esa mercancía. Sí, apreté el gatillo. Sí, crucé con la luz roja y choqué el automóvil de esa anciana. Sí, lo hice." Por otra parte, si uno en vez de ser sincero dijera: "Bueno, hay que entender. Yo estaba jugando con el arma...", eso es fabricar excusas o directamente mentir.

La confesión bíblica es decirle al Señor lo que sabemos hemos hecho mal, aun cuando antes hayas debido confesar ese mismo pecado y te avergüences de tener que mencionarlo una vez más. En la confesión admitimos los pecados frecuentes y hasta decimos a Dios: "Señor, puede haber más pecados secretos de los que no soy consciente," y el Señor estará presto para lavarte y también señalar esos pecados ocultos.

Como vimos en el capítulo anterior, el primer paso hacia la renovación radical es reconocer nuestro pecado. Eso es confesión. Tal vez hayas escrito una o dos cosas. Tal vez tengas una larga lista.

Ahora demos un segundo paso. Sobre la lista de tus pecados escribe tres verdades bíblicas. En primer lugar, escribe que la sangre de Jesucristo me limpia de todo pecado (1 Juan 1:7). Luego reclama la promesa que el Señor hace en 1 Juan 1:9, y escribe: "Dios perdona mis pecados y me limpia de toda maldad." En tercer lugar, haz personales las palabras de Hebreos 10:17 y escribe: "Dios nunca más se acordará de mis pecados e iniquidades".

Una vez que hayas escrito esos versículos sobre tu lista de pecados, ora a Dios. Si la oración que sigue expresa lo que siente tu corazón, dile al Señor:

Señor, cuesta creer que estés a mis pies, pero allí estás. Por favor, lávame. Esta lista hace evidente que he pecado contra ti. Hice cosas que no debiera haber hecho, y dejé de hacer cosas que debería haber hecho. No soy digno de tu perdón, pero te agradezco por tu sangre, que me limpia de todo pecado y toda maldad. Y ahora, Señor, ayúdame a restituir lo que debo. Dame gracia para con aquellos con quienes debo hablar, para que ellos me perdonen. Y ayúdame a perdonar a quienes han hablado mal de mí o me han lastimado. Espíritu Santo, ayúdame a olvidar esas ofensas y a estar gozoso en ti.

Cuando confesamos nuestros pecados al Señor, él los lava y *cuanto está lejos el oriente del occidente, hizo alejar de nosotros nuestras rebeliones* (Salmo 103:12). Por otra parte, el Señor ha echado *en lo profundo del mar todos nuestros pecados* (Miqueas 7:19). Como la misionera holandesa Corrie ten Boom solía decir: "El Señor arroja nuestros pecados al fondo del mar, y luego pone un cartel que dice: 'Prohibido pescar'." El Señor nunca más recuerda nuestros pecados, y tampoco quiere que los recordemos nosotros.

Te animo a que mires tu lista y hagas lo necesario para arreglar las cuentas pendientes con los demás. Hazlo pronto, en forma personal, por teléfono o por carta si fuera necesario.

Esta parte no es fácil. Lo sé. A veces aquellos a quienes nos resulta más difícil enfrentar son nuestros seres queridos, nuestra familia. Recuerdo que hace tiempo, cuando mis hijos eran pequeños, yo sentía que había algo que se interponía entre mí y uno de mis mellizos, Keith. De manera que le pregunté: —Keith, ¿he hecho algo para que estés ofendido? ¿Alguna vez te prometí algo y te decepcioné?

—Sí. La navidad pasada me prometiste un rifle de juguete, y nunca me lo compraste.

Yo me había olvidado por completo de esa promesa. Seguí indagando: —¿Hice algo más que no estuvo bien y por lo que nunca te pedí perdón?

—Sí —contestó Keith en forma inmediata.

—¿De qué se trata?

—¿Recuerdas cuando nació Esteban? —por supuesto que me acordaba. En ese momento éramos misioneros en la ciudad de México—. Pues bien —prosiguió Keith—, cuando mamá dijo que tenían que ir al hospital porque Esteban estaba por nacer, nosotros quedamos en casa y mamá y tú partieron a las apuradas. ¿Lo recuerdas, papá?

Le contesté que sí recordaba.

—Bueno, cuando llegaron al hospital te diste cuenta de que te habías olvidado la maleta con todas las cosas del bebé —prosiguió Keith. Era increíble cuántos detalles recordaba—. Al rato volviste a casa y estabas de mal humor. Cuando llegaste la maleta estaba abierta y toda la ropa para el bebé estaba desparramada. Y me pegaste una paliza —mi corazón se me estrujó.

—¿Y tú no lo habías hecho? —pregunté.

—No.

No sabía qué decirle. Lo abracé y le pedí perdón. A partir de allí nuestra relación mejoró en forma inmediata.

63

Las cosas con Keith habían ido tan bien que llamé a Kevin, el otro mellizo. Después de todo, quizás también lo había lastimado a él. —¿Alguna vez he hecho algo mal y nunca te pedí perdón, Kevin? ¿O tal vez te prometí algo y nunca lo cumplí?

—Sí —respondió Kevin sin una sombra de duda.

—¿Qué?

—En la navidad nos prometiste un rifle de juguete, y nunca lo compraste —y lo interesante es que Kevin no sabía que yo había hablado con Keith sobre el mismo tema. Por cierto que ese mismo día llevé a mis hijos a una juguetería y les compré lo que les había prometido.

Lo importante no era el juguete en sí. Probablemente yo no había prestado atención al hacerles la promesa. Por cierto no debería haberles prometido cosas a la ligera, pero lo había hecho y tuve que arreglar las cosas con mis hijos.

Si presientes que hay algo entre tú y alguna persona, agrega el nombre de esa persona a tu lista, y luego habla con ella. En humildad pregúntale si has hecho algo para ofenderla o decepcionarla, y está listo para pedirle perdón y hacer las paces.

Debo agregar una advertencia. Habla con una persona a la vez. No hagas tu confesión ante nadie más que aquel a quien has ofendido o lastimado. Hacerlo en forma grupal sólo empeorará las cosas.

Tal vez te lleve bastante tiempo arreglar la situación con cada una de las personas a quienes has herido. Una vez que concluyas, toma tu lista y rómpela en pedazos con una canción de alabanza al Señor. No la guardes ni la archives a fin de recordar tus pecados pasados, ya que el Señor los ha borrado para siempre.

Habrá un maravilloso sentimiento de perdón y alivio. Pero el Señor no se detiene allí.

Lavándonos los pies los unos a los otros

¿Recuerdas lo que dijo Jesús después de haber lavado los pies de los apóstoles? *"Si yo, el Señor y el Maestro, he lavado vuestros pies, vosotros también debéis lavaros los pies los unos a los otros. Porque ejemplo os he dado, para que como yo os he hecho, vosotros también hagáis... Si sabéis estas cosas, bienaventurado seréis si las hiciereis* (Juan 13:14-17).

Jesús había acabado de lavar los pies a los discípulos, y el lavamiento que menciona no se refiere a lavarse los pies por segunda vez esa noche. Jesús sabía que sería crucificado y volvería a su Padre, y también sabía que sus discípulos pronto necesitarían ser lavados otra vez. De manera que les ordenó lavarse los pies mutuamente —y esa orden se hace extensiva a nosotros.

¿Cómo nos lavamos los pies los unos a los otros? Es obvio que no podemos perdonar pecados, pero Dios puede usarnos en el proceso de limpieza. Como lo hizo Jesús, podemos ministrar a un hermano o una hermana en Cristo que se ha contaminado en el mundo.

¿Cuán a menudo cuando preguntamos a alguien cómo está, la persona responde que bien, pero en nuestro interior sabemos que no es una contestación sincera? No obstante, en lugar de animarla a que abra su corazón y vaya al Señor, por lo general preferimos conversaciones triviales o simplemente el silencio.

Si somos sinceros en nuestro deseo de lavarnos los pies unos a otros, debemos ser sensibles a las necesidades de los demás. Debemos prestar atención a las señales verbales y no verbales. Debemos dejar de lado todo juicio preconcebido y preguntar: "¿Hay algo que no anda bien en tu vida? ¿Puedo orar contigo?"

Ten en cuenta que para lavar los pies no estamos de pie sino arrodillados. La humildad y un espíritu de servicio son condiciones indispensables si queremos que Dios nos use en este ministerio tan vital. No debemos mostrarnos autosuficientes ni dar la impresión de que tenemos todas las repuestas. Debemos ir al hermano y de rodillas (si no de hecho, en nuestra actitud) decirle: "Si puedo ser de ayuda, dímelo." De esa manera podremos contribuir a que la bendición de Dios fluya hacia la vida de otros.

Años atrás un joven cristiano fue designado director de una cruzada evangelística, y estaba tratando de organizar a todas las iglesias de una ciudad centroamericana. Dos líderes de dos iglesias distintas estaban enemistados, situación ya conocida en los círculos cristianos locales. Estos dos hombres (ya mayores) casi no se hablaban y eran un pésimo ejemplo. Parecía incluso que ello estaba afectando la marcha de la campaña.

Tras mucho tiempo de oración y por amor al evangelio, el director de la cruzada decidió invitar a comer a estos dos líderes, sin que ninguno supiera de la asistencia del otro. Ambos se llevaron una gran sorpresa al encontrarse para la comida. El joven líder dio un paso bíblico (que en realidad fue lavar los pies), diciendo:

—Hermanos, sé que están sorprendidos y tal vez hasta molestos, pero tengo la responsabilidad de instarlos a que se unan. Antes de comer juntos deben reconciliarse el uno con el otro. En esta ciudad la cruzada no está marchando bien a causa de la enemistad entre ustedes. Es una vergüenza para el nombre de Cristo. Aunque soy joven y siento temor por lo que estoy haciendo, los animo a perdonarse, confesarse el pecado el uno al otro y reconciliarse.

Estos dos hombres cayeron de rodillas, se pidieron perdón, pidieron perdón a Dios y con fuego renovado trabajaron para la cruzada, que resultó un triunfo para la gloria de Dios. Todo comenzó cuando un joven cristiano humildemente puso en práctica lo que el Señor Jesús nos enseña: "lavarnos los pies" los unos a los otros. Tiempo después el hijo de uno de esos líderes pidió casarse en la iglesia del líder de la otra denominación. Fue una muestra del perdón y la reconciliación, fruto del primer paso de lavar los pies al hermano, señalando las áreas de la vida que debían ser arregladas a los pies de la cruz.

Lavar los pies de otra persona requiere una gran dosis de amor, ¿verdad? ¿Por qué, si no, a alguien se le ocurriría exhortarnos, reprendernos o corregirnos con humildad? Proverbios 9:8 declara: *Corrige al sabio, y te amará.* ¿Por qué, entonces, no nos "lavamos los pies" más seguido? En lo personal, sé que puedo ser indiferente a los demás: "No quiero meterme en la vida de esa persona. Si lo hago tal vez me acusen de entremetido."

Causamos gran daño cuando advertimos que alguien está sufriendo o no tiene paz y aun así respondemos con indiferencia y pasividad pues no queremos implicarnos.

Hace tiempo en cierto país del continente resultaba evidente para mí y para los amigos de un cristiano (un empresario, anciano en su iglesia y excelente predicador) que la situación en su matrimonio no andaba bien. Notamos que el hombre miraba a las mujeres con actitud codiciosa. La mayoría de los hombres notan a una mujer bonita, pero hay diferencia entre eso y mirar con codicia en el corazón. Debíamos hacer algo pues la situación era peligrosa, pero por cobardía y porque el hombre era un líder en la iglesia ninguno de nosotros le dijo palabra en vez de hacer lo que ordena la Escritura y lavarle los pies en amor.

Pensando en lo ocurrido, creo que si hubiéramos intentado lavarle los pies, nuestro amigo hubiera confesado su pecado. Pero sin embargo, meses después recibí una llamada telefónica de un amigo en común quien me comentó: —Luis, tengo malas noticias. La esposa de nuestro amigo en problemas vino a casa anoche a hablar con mi esposa. Estaba llorando porque cree que él está cometiendo infidelidad con una de las secretarias en la oficina.

Me resultaba difícil creerlo. Pero allí no terminó la historia. A los pocos días yo estaba en un aeropuerto, cuando alguien me llevó por delante. Era, precisamente, el amigo a quien no le habíamos "lavado los pies". Ya era demasiado tarde pues estaba en compañía de una mujer que no era su esposa, y con quien se disponía a viajar a otro país.

En mi corazón lloré de tristeza pues sentí que si nos hubiéramos comportado como hombres de Dios, podríamos haber hecho algo. Yo tendría que haber ido a este amigo para decirle: "Escúchame, todos somos tentados, pero no tienes por qué dejar que la codicia y los deseos de la carne te atrapen. Consideremos lo que dice la Palabra de Dios. Arrodillémonos y llevemos este problema al Señor." Sin embargo fui indiferente, y cuando quise remediarlo ya era demasiado tarde. Mi amigo estaba cometiendo adulterio.

Como resultado, la esposa se enfermó de tristeza, la iglesia sufrió vergüenza y el nombre del Señor fue deshonrado. Nosotros no habíamos tenido la valentía de acercarnos y lavarle los pies, exhortándolo en el nombre del Señor. Lo pagamos con lágrimas y remordimiento. Al tiempo mi amigo se arrepintió ante Dios, se reconcilió con su esposa y fue restaurado a la comunión de la iglesia. Pero las cicatrices siempre permanecerán —la agonía, la sospecha y todo el dolor que sigue al adulterio.

Gálatas 6:1 manifiesta que *si alguno fuere sorprendido en alguna falta, vosotros que sois espirituales, restauradle con espíritu de mansedumbre, considerándote a ti mismo, no sea que tú también seas tentado.* En Mateo 18:15-17 el Señor da más instrucciones para aplicar disciplina en la iglesia. Y en las dos epístolas a los Corintios Pablo explica cómo llevar a la práctica esas instrucciones. ¿El objetivo? Que el hermano caído sea restaurado a la comunión con Dios y con los demás.

El pecado siempre produce separación. Si vemos a alguien que parece estar alejándose del Señor, del cónyuge o de otros creyentes, no hay tiempo de fingir que todo anda bien. Debemos arrodillarnos ante el Señor e interceder por esa persona. En humildad debemos admitir que nosotros también somos tentados, y luego debemos ir a nuestro amigo y decirle: "¿Hay algo en que pueda ayudarte? Me da la impresión de que algo no anda bien..."

Es fácil advertir que un amigo está en problemas, y sin embargo permanecer en silencio. Un verano estaba predicando en una conferencia de varios días. Un profesor de un seminario estaba de visita en esa ciudad con su esposa. Durante la semana varias veces tuve la oportunidad de conversar con este profesor, y me di cuenta de que estaba triste. Sentí que el Espíritu Santo me decía: "Luis, habla con el profesor. Trata de descubrir cuál es su problema. Trata de animarlo..."

Pero yo estaba con miles de ocupaciones y había decenas de otras personas con quienes debía hablar. De modo que no hice nada. Seis meses después tuve que dar una clase en el seminario donde aquel hombre era profesor. Me enteré de que la esposa de este hombre le había escrito una nota, que él encontró sobre la mesa de la cocina después que la mujer ya había tomado un avión para irse. La nota decía: "Estoy harta de tu trabajo en el seminario y de toda esta cuestión de la obra misionera. No quiero que vengas a buscarme. No quiero verte nunca más."

Yo había desobedecido al Espíritu Santo. Durante aquella conferencia pareció absurdo que un profesor de seminario necesitara mi consejo, pero si hubiera hablado con él tal vez hubiera podido ser de ayuda. Yo le agradezco al Señor por los cristianos que al comienzo de mi ministerio me confrontaron en amor para hablarme sobre mi orgullo, mi espíritu engreído y mi carácter agresivo. Esos hermanos eran hombres de Dios, cristianos de integridad que sabían lo que era ser lavados por el Maestro. De manera que aunque les resultó difícil, hablaron conmigo y lavaron mis pies.

Todos necesitamos la limpieza de Dios, y necesitamos lavarnos los pies unos a otros. Este es un ingrediente indispensable en la renovación integral de un cristiano. Pero hay más: Después de la confesión y la limpieza sigue la consagración.

UN MOMENTO DE REFLEXION

1. El Señor quiere que experimentemos el gozo de tener los pecados perdonados y la emoción de que todo ha sido limpiado y está arreglado a los ojos de Dios y de los demás. ¿Has experimentado tal gozo y emoción? ¿Por qué razón los cristianos no tienen esta experiencia más seguido?

2. Tal vez haya pecado en nuestra conciencia. El remedio es ser lavado por Jesús. ¿De qué manera Jesús es el remedio para el pecado? ¿Qué hizo él? ¿Qué tenemos que hacer nosotros?

3. *"Tú y yo a menudo nos contaminamos al caminar por el mundo. Aunque tratemos de agradar a Dios en todo, oímos cosas que no queremos oír, vemos cosas que no planeábamos ver."* ¿Acaso te has contaminado al caminar por el mundo esta semana? ¿De qué manera afectó tu vida? ¿Qué hiciste para librarte de esa contaminación?

4. *"De la misma manera que en el primer siglo la gente debía lavarse los pies repetidamente, también nosotros cada día debemos lavar nuestros pies espirituales. Si no lo hacemos, perdemos la bendición de Dios en nuestra vida y ministerio."* ¿Estás de acuerdo con esa declaración? ¿Por qué? Piensa en un ejemplo.

5. *"Jesús ordenó a sus discípulos lavarse los pies mutuamente —y esa orden se hace extensiva a nosotros."* ¿Cuál era la preocupación de Jesús? ¿De qué manera debemos lavarnos los pies unos a otros?

6. *"Lavándonos los pies unos a otros podremos contribuir a que la bendición de Dios fluya hacia la vida de los demás."* ¿Alguna vez has lavado los pies de otra persona, espiritualmente hablando? ¿Alguien alguna vez ha lavado tus pies? ¿Cuál fue el resultado?

7. *"Es fácil advertir que un amigo está en problemas, y sin embargo permanecer en silencio."* ¿Por qué será que los cristianos a veces tenemos temor de confrontar a otros hermanos en la fe? ¿Qué es lo que nos mueve a actuar? ¿Cuál debe ser nuestra actitud?

PARA PONER EN PRACTICA

1. Toma tu libreta de apuntes y en oración revisa la sección "Cosas que debo arreglar con Dios" de la lista de confesión que escribiste luego de leer el capítulo 2. Si piensas en alguna otra cosa, anótala. Pide a Dios que te haga sensible a toda contaminación e impureza.

2. Busca en tu Biblia 1 Juan 1:7, 9 y Hebreos 10:17. Subraya estos versículos y medita en ellos. Transforma en personal cada promesa y dile al Señor que quieres que sean una realidad en tu vida. Luego escribe las palabras de esas promesas sobre la lista "Cosas que debo arreglar con Dios."

3. Ofrece al Señor una oración de confesión y limpieza. Pídele que lave tus pies de todo pecado e impureza. Tal vez quieras usar la oración que menciono en la página

4. Busca en tu Biblia Salmo 103:12 y Miqueas 7:19. Subraya las promesas, medita en ellas y aplícalas en tu vida. Tal vez quieras memorizar estos dos versículos para recordarlos cada vez que Satanás trae a tu mente un pecado que ya has confesado y que Cristo ya ha limpiado.

5. Ahora en oración revisa las "Cosas que debo arreglar con otros" de tu lista de confesión. Si hay alguna otra cosa que debas agregar, hazlo. Pídele a Dios que te dé sabiduría y tacto para arreglar las cosas.

6. Aparta tiempo para encontrarte con cada persona a quien has ofendido o lastimado. Si alguien vive en otra ciudad, llama por teléfono o escribe una carta esta misma semana. Si es necesario restituir algo, haz planes para empezar a pagar tu deuda tan pronto como sea posible.

7. Cuando hayas acabado con tu lista y hayas arreglado tus cuentas, rompe el papel y ofrece a Dios una oración de

acción de gracias y alabanza. Debes hacer pedazos ese papel para que nadie pueda verlo.

8. Busca en tu Biblia Juan 13:14-17. Agradécele a Dios por su deseo de utilizarnos para ser de mutua bendición. Pídele al Señor que use a alguien, quizás a un cristiano mayor de tu iglesia, para que esta semana te lave los pies. Ora pidiendo una actitud de amor y gratitud para aceptar las palabras de corrección de esta persona.

9. Pídele a Dios que te haga sensible hacia los problemas y dificultades de otros cristianos, y que te dé humildad y sabiduría para saber qué decir y cómo ayudar.

10. Si el Señor ya te ha hecho pensar en alguien que necesita ayuda, ora por esa persona. Luego entonces busca una oportunidad para hablarle de corazón a corazón. Con la actitud de un siervo, di con amor: "¿Puedo ayudarte? ¿Algo anda mal en tu vida? He notado que..." Pide al Espíritu Santo que dirija tu conversación y, si fuera necesario, te use para lavar los pies de esa persona.

Capítulo 4

LA VIDA CONSAGRADA

El paso siguiente en el camino a la renovación integral es la consagración. Después de la salvación, es la decisión más importante.

Hace algunos años dos deportistas británicos recorrieron a pie más de 3200 kilómetros por las catorce montañas más altas del mundo. Inténtalo, y trata de escalar 88.000 metros a través de 64 pasos montañosos. La cadena del Himalaya proporciona un terreno agotador.

Se dice que los hermanos Ricardo y Adrián Crane corrieron a lo largo de la cadena del Himalaya en un récord de 101 días, en un intento de levantar fondos para una institución de caridad de su país. El resultado fue agotamiento por calor, disentería, moretones, uñas destrozadas, ampollas y heridas en los pies, además de un desagradable corte en la cabeza causado por la caída de una roca. ¿Qué consiguieron? Sólo 10.700 dólares. Eso equivale a menos de dos centavos de dólar por cada 1.000 pasos recorridos. ¡Ojalá que desde entonces hayan recibido más donaciones!

Imagínate tratando de llevar a cabo ese super ultra maratón, especialmente si tal como esos hermanos sólo te hubieras entrenado dos fines de semanas antes de volar a la India para empezar la aventura en el Himalaya.

75

Los hermanos Crane declararon que su entrenamiento fue mental, no físico. "Si decides que puedes hacer algo, entonces puedes." Si bien eso no siempre se hace realidad, todos tenemos inclinación natural hacia algo, ya sea música, dinero, poderío, deportes, respetabilidad, status social, un hogar feliz, una vida cómoda. Todos nos dedicamos a algo.

Sin embargo, en algún momento de nuestra vida —cuando nos convertimos a Cristo o tal vez más tarde— todos deberemos responder a la pregunta: ¿Dedicaré mi vida a Jesucristo? ¿Haré que todo lo demás sea secundario y me dedicaré a vivir para él? ¿Buscaré primero el reino de Dios y su justicia? ¿Es verdad que *para mí el vivir es Cristo?*

Muchos cristianos creen que han dedicado su vida al Señor, pero no le han entregado todas las áreas de su vida. No han solucionado ciertos pecados. Han subido sólo tres cuartas partes de la senda del Calvario, pero no han llegado a la cruz.

Quizás ningún otro incidente en la vida y ministerio de Jesucristo ilustre mejor el llamado a la consagración que cuando el joven rico se acercó a Jesús. Desde una perspectiva humana, este hombre tenía todo lo que deseaba: Era joven y con toda la vida por delante; había heredado riquezas; gozaba de un prominente status social; era religioso; había guardado todos los mandamientos desde su niñez.

Pero Jesús conocía el corazón del joven, y puso el dedo en la llaga, diciéndole: *Aun te falta una cosa: vende todo lo que tienes, y dalo a los pobres, y tendrás tesoro en el cielo; y ven, sígueme* (Lucas 18:22).

El joven rico se sintió perplejo por las palabras de Jesús. Los discípulos también. Y lo mismo sucede en nuestro día con muchos cristianos.

¿Qué quiso decir el Señor? El joven nunca lo supo con certeza. Creyó entenderlo y se alejó apenado. No esperó a que el Señor terminara, y por eso sólo comprendió a medias. Si se hubiera quedado unos minutos más, habría oído las palabras del Señor echando luz sobre el tema: *No hay ninguno que haya dejado casa, o hermanos, o her-*

manas, o padre, o madre, o mujer, o hijos, o tierras, por causa de mí y del evangelio, que no reciba cien veces más en este tiempo; casas, hermanos, hermanas, madres, hijos, y tierras, con persecuciones; y en el siglo venidero la vida eterna (Marcos 10:29-30).

Si el joven rico hubiera escuchado esas palabras de Jesús, se habría dado cuenta de que el Señor le estaba pidiendo la soberanía sobre su vida, no el dominio de sus posesiones. Creo que el Señor le iba a decir: —Dámelo todo, pero no te preocupes pues recibirás mucho más de lo que me des.

Y si el joven hubiera preguntado: "Señor, ¿qué haré si debo darte mis tierras? ¿Cómo voy a vivir?," el Señor le hubiera respondido: "No te preocupes. Te daré cien veces más. Sólo quiero que entiendas que tengo el derecho a pedirte todo."

¿Para qué quiere Dios nuestras posesiones? ¿Acaso el ganado de los campos mil no le pertenece? No es eso lo que quiere el Señor, sino que se refiere a algo más importante —la consagración. ¿Estamos dispuestos a rendirle los derechos de todo lo que tenemos o desearíamos tener? ¿Estamos dispuestos a rendirle nuestros sueños? Eso es consagración.

La consagración incluye un inmenso costo y sacrificio. Jesús dijo: *Si alguno viene a mí, y no aborrece a su padre, y madre, y mujer, e hijos, y hermanos, y hermanas, y aun también su propia vida, no puede ser mi discípulo. Y el que no lleva su cruz y viene en pos de mí, no puede ser mi discípulo* (Lucas 14:26-27).

Son palabras fuertes. Jesús no está hablando de una decisión de palabra o a la ligera sino de un compromiso radical. No debe sorprendernos que incluyera una advertencia sobre el alto costo. Es necio quien empieza a construir un rascacielos pero se queda sin dinero antes de terminarlo. Estimar los costos es importante en la vida diaria (Lucas 14:28-32), y cuánto más en lo que respecta a la consagración al Señor.

Cuando Jesús nos llama a consagrar nuestra vida, pide una lealtad y un amor tales que cualquier otra lealtad parece insignificante y cualquier otro amor parece odio. El

Señor pide sacrificio y renuncia, pide que acabemos con la idea de "mí" y "mis derechos".

Renunciando a nuestros derechos

Durante un almuerzo en cierta ciudad un millonario muy respetado se puso de pie para dar su testimonio:
—Lo debo todo al Señor.
Luego compartió su secreto:
—Cuando yo era joven fui llamado a rendirle todo a Dios. Joven y pobre como era me consagré por entero y consagré todo lo que tenía. No tenía mucho dinero, pero lo puse sobre la mesa juntamente con mis posesiones y dije: "Señor, te devuelvo todo lo que me has dado." Luego de ese incidente Dios empezó a bendecirme materialmente y ahora soy un hombre rico.

En ese momento se escuchó una voz desde el fondo del salón: —Lo desafío a que lo haga nuevamente.

¿Alguna vez te has preguntado por qué la mayoría de los que responden al llamado de consagración son jóvenes? Sucede que la juventud no tiene mucho para consagrar a Dios. Pero cuando uno se acerca a la mediana edad y empieza a adquirir posesiones, la historia cambia por completo.

Renunciar a nosotros mismos es un aspecto fundamental de la consagración, pero preferimos no oír hablar de ello. Es más importante proteger nuestros derechos. La idea de cederlos va en contra de nuestra tendencia natural.

El Dr. Dobson, psicólogo de **Enfoque a la familia**, una vez me preguntó sobre esta área de los derechos. Estábamos conversando sobre las presiones que los viajes tienen sobre la vida de familia. Yo comenté que cuando estoy en casa me hago el firme propósito de pasar con mi familia tanto tiempo como sea posible. Sin embargo tuve que admitir que había estado muy lejos de alcanzar la perfección. En realidad, en un tiempo solía regresar a casa para luego ir a jugar al fútbol con amigos de la iglesia, o ir a jugar al tenis con un compañero, o ir a tomar un café con el pastor. Al final me di cuenta de que era totalmente ilógico. Estaba viajando el 50% de mi tiempo y diciendo que estaba deseoso de llegar a casa. Pero cuando regresaba, salía y pasaba tiempo con mis amigos.

Lo justificaba alegando que necesitaba relajarme, que necesitaba tiempo para mí, que mis amigos también eran importantes, pero eso sólo eludía el problema. Mi familia estaba primero, de manera que en obediencia a Cristo renuncié al derecho de pasar mi tiempo libre con amigos. No fue fácil, pero fue crucial. Por supuesto que eso no fue pagar un alto precio. Por otra parte, no creo que estemos pagando un precio cuando hacemos algo para Cristo. El fue quien pagó el precio. Nosotros le pertenecemos, y no a la inversa, pero a menudo nos rebelamos ante la idea del señorío de Cristo en cada área de nuestra vida.

Quizás lo más difícil que el Señor nos pida sea renunciar al derecho de tener a nuestros hijos cerca de nosotros. Es fácil gozarse cuando una jovencita o un muchacho pasan adelante durante una conferencia misionera prometiendo al Señor que le servirán en un país lejano —es fácil gozarse a menos que se trate de nuestro propio hijo.

Hace algunos años fui invitado a predicar en la reunión de clausura de la conferencia misionera anual de una universidad cristiana. Luego de la reunión el rector de la universidad estaba lagrimeando. Yo le dije: —Fue emocionante ver cómo su hija decidió ser misionera, ¿verdad?

—En realidad es doloroso —contestó—. Estoy feliz de que será misionera, Luis, y sé que debo estar feliz. A pesar de todo, no puedo evitar preguntarme. ¿Y si ella muere en Africa? ¿Y si yo muero antes que ella regrese? (Y eso último, precisamente, fue lo que ocurrió.)

Ofreciendo nuestro cuerpo en sacrificio vivo

Nunca resulta fácil renunciar a nuestros derechos, tomar la cruz y seguir a Cristo. Un amigo mío lo explica de la siguiente manera: "La idea de perder nuestra vida por él, tal como Cristo ordena a sus discípulos, es tan poco popular hoy, en nuestra sociedad materialista, como lo fue para el joven rico." La consagración no es algo que está de moda. Tiene un alto costo, tal como lo vemos en la experiencia de Pablo. Mientras estaba en una prisión romana, con la amenaza de que sería ejecutado, el apóstol pudo declarar: *Conforme a mi anhelo y esperanza de que en nada seré avergonzado; antes bien con toda confianza, como siempre, ahora también será magnificado Cristo en mi cuerpo, o por vida o por muerte* (Filipenses 1:20).

Y Pablo continúa diciendo: *Para mí el vivir es Cristo, y el morir es ganancia. Mas si el vivir en la carne resulta para mí en beneficio de la obra, no sé entonces qué escoger. Porque de ambas cosas estoy puesto en estrecho, teniendo deseo de partir y estar con Cristo, lo cual es muchísimo mejor; pero quedar en la carne es más necesario por causa de vosotros* (Filipenses 1:21-24).

Aquí Pablo habla de exaltar a Cristo en su cuerpo. Sin duda sabía que le podían cortar la cabeza, arrojar a los leones o que podía ser apedreado a muerte por capricho de algún político corrupto. (Los romanos eran famosos por las terribles maneras que usaban para ejecución.)

No obstante Pablo dice: "No sé qué elegir —si la vida o la muerte." ¿Qué eligirías tú? Pablo luchaba en su interior, no sabiendo si aceptar el martirio u orar fervientemente para ser liberado de la cárcel. El había consagrado su cuerpo a Dios.

En 1 Corintios 6 Pablo otra vez se refiere al cuerpo. En esta ocasión explica la importancia de huir de la inmoralidad sexual, ya sea adulterio, homosexualidad o prostitución. ¿Por qué? Porque *cualquier otro pecado que el hombre cometa, está fuera del cuerpo; mas el que fornica, contra su propio cuerpo peca* (6:18).

El apóstol mostraba suma preocupación por el cuerpo, y tenía una razón de gran peso. *¿O ignoráis que vuestro cuerpo es templo del Espíritu Santo, el cual está en vosotros, el cual tenéis de Dios, y que no sois vuestros? Porque habéis sido comprados por precio (6:19-20a).* Ese precio fue la misma sangre de Jesucristo, nuestro Salvador.

Glorificad, pues, a Dios en vuestro cuerpo y en vuestro espíritu, los cuales son de Dios (6:20b). Una vez más la idea de Pablo es la consagración.

Pero el apóstol tiene aun más que decir sobre el cuerpo en Romanos 12:1-2, un famoso pasaje que incluso muchos hemos memorizado: *Así que, hermanos, os ruego por las misericordias de Dios, que presentéis vuestros cuerpos en sacrificio vivo, santo, agradable a Dios, que es vuestro culto racional. No os conforméis a este siglo, sino transformaos por medio de la renovación de vuestro entendimiento, para que comprobéis cuál sea la buena voluntad de Dios, agradable y perfecta.*

Cuando Pablo dice "os ruego" no está haciendo una simple sugerencia. A través de Pablo el Espíritu Santo está presentando un mensaje apremiante: *que presentéis vuestros cuerpos en sacrificio vivo, santo, agradable a Dios, que es vuestro culto racional.* Según este pasaje, nuestro cuerpo está relacionado con un culto espiritual a Dios. Pablo declara que es una decisión individual.

¿Has presentado tu cuerpo al Señor como sacrificio vivo? Esto es vital ya que el cuerpo es símbolo de toda la personalidad, lo más tangible y práctico que podemos presentar al Señor, pero a la vez lo que más a menudo le negamos. Hay que notar que cuando presentamos nuestro cuerpo a Dios, también le estamos dando el alma y el espíritu.

Al presentar nuestro cuerpo al Señor estamos dando un paso hacia la liberación, un paso que ojalá dieran millones de cristianos.

Tal vez te preguntes: "¿Por qué tanta historia por el cuerpo? Después de todo un día va a morir. El alma y el espíritu son más importantes."

Pensemos en lo siguiente: La mayoría de nosotros pasamos mucho más tiempo frente al espejo, contemplando nuestro cuerpo, que el tiempo que pasamos mirando nuestra alma y nuestro espíritu a la luz de la Palabra de Dios. Nuestra sociedad casi rinde culto al cuerpo, mientras que alma y espíritu son considerados algo etéreo.

Hay quienes no lo expresan con palabras, pero en su interior se dicen: "Por cierto que me gozo de que mi alma y mi espíritu irán al cielo cuando yo muera. En cuanto a mi cuerpo, bueno, espero dedicarlo al Señor dentro de unos veinte o treinta años. Uno sólo vive una vez y tengo que permitir que mi cuerpo se exprese. No voy a llegar a extremos pero..."

El corazón humano está corrompido. La apariencia de nuestro cuerpo difiere, pero por dentro somos todos iguales. Te conozco porque me conozco a mí mismo.

Le damos nuestro espíritu a Dios y le pedimos: "Señor, sálvame." Le damos nuestra alma y le decimos: "Señor, quiero ser feliz y vivir una vida equilibrada." Pero el cuerpo es lo último que le rendimos a Dios. Sin embargo, el Señor Jesús declaró: *El que quiera salvar su vida la perderá, y todo el que pierda su vida por causa de mí y del evangelio, la salvará* (Marcos 8:35).

¿Por qué tratamos de aferrarnos tanto a nuestro cuerpo? En mi caso, creo que fue una combinación de ignorancia bíblica, ceguera espiritual, egocentrismo y falta de confianza en la bondad de Dios. Por todo ello me negaba a decir que *sí* a Jesús y a consagrarme a El. Allí comenzó mi crisis espiritual.

Estoy convencido de que Dios lleva a cada cristiano a ese punto crítico en la vida. Si nos negamos a consagrar nuestra vida a El, una y otra vez volveremos a ese punto de crisis. Pero si insistimos en hacer las cosas a nuestro modo, el Señor no nos obligará ni empujará a la consagración.

No rehusándole nada

La consagración es un acto de la voluntad. Es una crisis personal ante el Señor que tiene tremendas consecuencias. No podemos rehusarle nada. El nos dice: "O lo quiero todo o nada." Así que hasta tanto le hayamos entregado nuestro cuerpo, no le hemos entregado nada.

Ahora bien, cuando hay consagración también hay conflicto. Estamos en medio de una guerra espiritual, y la consagración es una amenaza directa al dominio que el mundo tiene sobre nuestra vida. Sin lucha el mundo no podrá caer derrotado. En el momento en que decimos: "Señor Jesús, pediste mi cuerpo y aquí está", automáticamente estamos diciendo *no* a la conversación mundana, a los pensamientos mundanos, a las cosas mundanas. La consagración a Dios es difícil, especialmente para aquellos que sienten fascinación por lo que el mundo ofrece.

Cuando era joven intentaba agradar al mundo. Con todas mis fuerzas trataba de ganarme los halagos de quienes me rodeaban. Pero el Señor intervino y me condujo a una crisis. Era como si Dios me hubiera dicho: "Luis, si sigues así unas pocas semanas más, estarás terminado." Y yo me daba cuenta de que era cierto. Había caminado lejos del Señor por varios años y había llegado al límite. Fue entonces que caí de rodillas y dije: "Señor, ten misericordia. Te serviré y te daré mi vida toda." Una vez que tomé esa decisión simple pero profunda, mi vida comenzó a cambiar de manera radical.

Si estás hastiado de vivir de acuerdo a los caprichos y modas del mundo, si estás cansado de ceder a los deseos de la carne, si estás harto de la insatisfacción, no demores en dar este paso. No trates de jugar con Dios y conságrale tu vida ahora mismo.

Quizás hace años tomaste esa decisión. Tal vez pasaste adelante en algún campamento o reunión de la iglesia. Comenzaste a disfrutar de la vida cristiana pero algo sucedió: Cediste a la tentación sexual; te casaste con un inconverso; engañaste en los estudios o en los negocios; hiciste algo mal y nunca arreglaste las cosas. Sea lo que fuere, no has podido olvidarlo, y no debes olvidarlo hasta tanto pidas perdón.

Solías ser feliz en el Señor, pero desde ese revés ha habido un gran paréntesis en tu vida. No vives en victoria, no tienes gozo, no creces. Si eso es lo que sucede, ¿por qué no le consagras tu vida otra vez? Dile: "Señor, otra vez pongo mi vida en el altar. Soy tuyo. Toma mi cuerpo. Llena mi corazón. Me entrego a ti."

No me avergüenzo de instarte una y otra vez a que te consagres a Dios porque el día que yo tomé esa decisión fue como si la vida comenzara de nuevo. ¿Acaso Dios está hablando a tu corazón? Mi oración es que las verdades de la Palabra de Dios, especialmente Romanos 12:1-2, te muevan a dar este paso. Ofrece tu cuerpo en sacrificio vivo, santo, agradable a Dios. Es un acto de adoración. Es una decisión racional de la voluntad.

La consagración: crisis y proceso

Esta crisis de la consagración nos lleva a un proceso que continúa por el resto de nuestra vida. La consagración no es una decisión que se toma una vez y sobre la cual no pensamos nunca más, y tampoco elimina los conflictos de nuestra alma en forma permanente.

El proceso de consagración incluye continua obediencia y sumisión a Dios. Significa que en forma repetida renunciamos a nuestros derechos naturales por un bien espiritual mucho mayor. Cuando estaba en el mundo, Jesús tuvo el derecho a no morir —y qué decir de las escupidas, las burlas crueles, los golpes inmisericordes. Sin embargo, en obediencia a la voluntad del Padre no se aferró a esos derechos. Permitió que lo azotaran y lo crucificaran por el bien mayor —nuestra salvación.

De la misma manera, cada vez que nuestra voluntad se cruza con la voluntad revelada de Dios, debemos tomar una decisión. Si elegimos su voluntad por sobre nuestra propia voluntad, estamos rindiéndole nuestros derechos, estamos consagrando nuestra vida.

A esto se refiere la Escritura cuando habla de la muerte de Jesús, de tomar la cruz, del grano de trigo que cae a tierra y muere. Cada vez que elijo la voluntad revelada de Dios, mi ego muere, mi orgullo muere, y también mueren mis sueños y mis planes.

Cada decisión en la vida es otra oportunidad para decirle que sí a Dios, para afirmar su señorío sobre mi cuerpo, mi alma y mi espíritu. Cada vez que escojo la voluntad de Dios en vez de mi voluntad, me estoy asemejando más a Cristo, estoy probando y aprobando su voluntad, que es buena, agradable y perfecta.

Esto es lo que significa vivir en triunfo y victoria. Ya no tenemos que enfrentarnos al dilema de si nos casaremos o no con un inconverso, de si mentiremos o no al presentar los gastos en nuestro trabajo, de si habremos de flirtear o no con alguien que nos agrada. Lo que podría ser una terrible contienda se convierte en un gran alivio pues el conflicto está resuelto. Al elegir la voluntad de Dios, somos libres para seguir adelante con fuerzas y vigor renovados. Aún debemos enfrentarnos a nuestros enemigos —el mundo, la carne y el diablo— pero disfrutamos la victoria y vivimos como embajadores de Cristo.

Consagrando tu vida ahora

No es demasiado tarde para volver a Dios y consagrarle tu vida.

Oh, Dios, solemnemente en tu presencia te presento mi cuerpo como un sacrificio vivo, santo, agradable a ti. Toma mi cuerpo como símbolo de todo lo que soy. Es tuyo. Me gozo al pensar en lo que harás en mí y a través de mí para gloria de tu nombre. Amén.

Este podría ser el momento más emocionante de tu vida. Caminarás por fe con tus ojos y tus oídos bien abiertos, en expectación, preguntándote qué hará Dios. Habrá sube y bajas. Habrá momentos de oscuridad. Pero cuando tomas ese compromiso con el Señor es asombroso lo que comienza a suceder.

Si acabas de consagrar tu vida a Dios, acabas de tomar una de las decisiones más importantes de tu vida. Pero hay aun otra decisión, una llave final para la renovación plena y de raíz. Consideraremos cómo se puede experimentar el poder de la resurrección de Cristo.

UN MOMENTO DE REFLEXION

1. *"La consagración incluye un inmenso costo y sacrificio."*
Cuando Jesús nos llama a consagrar nuestra vida, ¿qué es
lo que pide de nosotros? ¿Qué revela nuestro corazón si nos
negamos a responder a su llamado? ¿Cuáles son las consecuencias de decir que no?

2. *"Cuando Jesús nos llama a consagrar nuestra vida, pide
una lealtad y un amor tales que cualquier otra lealtad
parece insignificante, y cualquier otro amor parece odio."*
¿Qué autoridad tiene Jesús para pedirnos que le consa-
gremos nuestra vida?

3. *"La idea de ceder nuestros derechos va en contra de
nuestra tendencia natural."* A los ojos del mundo, ¿qué
derechos parecieran ser los más importantes? ¿De qué
manera difiere esa perspectiva de la perspectiva de Dios?

4. *"La consagración significa que renunciamos a nuestros
derechos naturales por un bien espiritual mucho mayor."*
¿Cuáles son los derechos que consideras importantes? ¿Qué
es lo más difícil de rendir a Cristo? ¿Por qué?

5. *"Cuando presentamos nuestro cuerpo a Dios, también le
estamos dando el alma y el espíritu."* ¿Por qué Dios da
tanta importancia al cuerpo? ¿Por qué somos tan reacios a
rendir nuestro cuerpo al Señor?

6. *"La consagración a Dios es difícil, especialmente para
aquellos que sienten fascinación por lo que el mundo
ofrece."* ¿Por qué nos sentimos tan atraídos por el mundo?
¿Por qué muchos cristianos tratan de obtener halagos del
mundo?

7. Después de consagrarnos al Señor, *"cada decisión en la vida es otra oportunidad para decirle que sí a Dios, para afirmar su señorío sobre mi cuerpo, mi alma y mi espíritu."* Piensa en una decisión reciente donde hayas tenido que elegir entre la voluntad de Dios y la tuya. ¿Qué escogiste y cuáles fueron las consecuencias?

PARA PONER EN PRACTICA

1. En tu libreta de notas, escribe un par de párrafos describiendo a qué consagraste tu vida en el pasado.

2. Busca en tu Biblia Lucas 14:25-27 y Mateo 10:37-38. Haz una estimación del costo de seguir a Cristo haciendo una lista de todo aquello que crees el Señor te pide que abandones a fin de consagrarte por entero a El.

3. Ahora busca Romanos 12:1-2. Toma unos minutos para leer ese pasaje varias veces. Luego en tu libreta vuelve a escribir los versículos con tus propias palabras, como si Dios te estuviera hablando directamente al corazón.

4. Ora al Señor consagrándole tu vida. Si ya has tomado esa decisión en el pasado pero luego ha habido un retroceso, conságrate nuevamente. Tal vez quieras utilizar como guía las palabras de la oración que menciono en la página

5. Anota la fecha de tu decisión de manera de poder recordarla. Luego comparte esta decisión con tu pastor o con un amigo cristiano. Si hubiera una oportunidad en tu iglesia, pasa adelante y testifica públicamente acerca de este nuevo compromiso con Cristo.

Capítulo 5

LA VIDA CENTRADA EN CRISTO

El potencial de lo que Cristo quiere hacer en nosotros y a través de nosotros para su gloria es increíble, pero a menudo no somos conscientes de dicho potencial. No quiere decir que no lo procuremos. A veces es en extremo que tratamos de vivir la vida cristiana y de ser buenos testigos de Cristo, y allí está el problema...

Cuando pienso en el poder de Dios en acción en la vida de una persona, a menudo pienso en Gladys, a quien se ha llamado la misionera soltera más notable del siglo XX. La historia de su vida fue volcada a un libro, que posteriormente se convirtió en una película protagonizada por Ingrid Bergman.

Si hubiéramos conocido a Gladys cuando era una jovencita, no habríamos pensado que haría historia. Nació en un hogar de clase trabajadora, no se destacó en los estudios y comenzó a trabajar como sirvienta a los 14 años. Y habría sido sirvienta por el resto de su vida si Dios no hubiera intervenido.

Tenía más de 20 años cuando fue guiada al Señor Jesucristo por la esposa de un pastor, una mujer que sentía pasión por los perdidos —fueran ricos o pobres. Luego de su conversión la visión de Gladys creció y fue mucho más allá de su lugar de trabajo y de la ciudad donde vivía. Comenzó a soñar con hablar a los perdidos de su Salvador, y de una manera muy clara se sintió llamada por Dios para ir a la China. Sin embargo, la organización misionera que contactó no demostró interés en ella.

Gladys no se desalentó. Estaba convencida de que Dios la llamaba a la China, y al cumplir los 30 años tomó un tren transcontinental que la llevó a través de Europa y Asia. Fue un milagro el simple hecho de haber llegado a China. En una ocasión, Gladys se encontró en Siberia en un tren que se había detenido muy cerca del lugar en que soldados rusos y chinos estaban librando una batalla.

Una vez en la China, Dios permitió que Gladys pasara por experiencias horripilantes, pero la usó para guiar a Cristo a gran cantidad de chinos. Ella mostró valor y resistencia física en casos en que hasta un hombre hubiera flaqueado. El secreto no radicaba en su trasfondo, su educación o su entrenamiento misionero, ya que éstos estaban por debajo de los parámetros "aceptables". El secreto estaba en que el centro de su vida era el Señor, quien se complacía en demostrar su poder a través de su sierva.

Dios desea mostrar su poder divino *en* y *a través de* nosotros, cualesquiera las circunstancias y el llamado. ¿Cuál es el secreto? La consagración es vital, pero en sí misma no es suficiente. Algunos cristianos han dedicado, rededicado y vuelto a dedicar su vida a Dios, pero aún no se sienten renovados en su espíritu. Se preguntan dónde está el toque de Dios en su vida y no saben por qué no sienten la presencia divina actuando en ellos.

Experimentar la renovación radical implica estar *llenos de la plenitud de Dios* (Efesios 3:19). Ser renovado significa estar lleno de Dios mismo. Esa debiera ser la vida cristiana normal.

El potencial de lo que Cristo quiere hacer en nosotros y a través de nosotros para su gloria es increíble, pero a menudo no somos conscientes de dicho potencial. No quiere decir que no lo procuremos. A veces es en extremo que tratamos de vivir la vida cristiana y de ser buenos testigos de Cristo, y allí está el problema.

El celo por las cosas de Dios no es suficiente

Uno de los hechos más maravillosos de toda la historia es que el Señor nos haya elegido para venir y morar en nosotros. Piensa en ello. El Todopoderoso vive en nuestro ser. Cuando lo comprendí, esa verdad revolucionó mi vida. Ya había dedicado y rededicado mi vida a Cristo unas diez veces. Pero cada vez que comenzaba con gran celo y grandes expectativas, fracasaba estrepitosamente.

El problema estaba en que siempre trataba de servir a Dios con todas mis fuerzas, trataba de ser fiel y de vencer la tentación a través de simple dedicación, disciplina, estudio bíblico y oración. Luis y sus amigos trataban y trataban y trataban de ser fieles al Señor.

Nuestros intentos eran sinceros. Intentamos una variedad de métodos a fin de ganar gente para Cristo: tratados y folletos evangelísticos, programas radiales, reuniones al aire libre. Algunos escuchaban con atención y otros se burlaban, pero veíamos que muy pocos confiaban en Jesucristo como Salvador. Pasó un tiempo y algunos de mis mejores amigos se alejaron del Señor. No sucedió de repente pero se fueron enfriando, hasta que las reuniones de oración que solíamos tener los viernes (duraban toda la noche) también se enfriaron.

Hasta ese momento había sido muy confiado en mí mismo y egocéntrico. "Señor, realmente soy un modelo de cristiano. Te aseguro que viviré dedicado a ti hasta el día de mi muerte. Y si tengo que morir por amor de tu nombre, voy a morir." En mi corazón tenía el íntimo deseo de mostrar al mundo lo que un joven podía hacer para Dios. Y era un deseo sincero.

Pero uno queda exhausto al tratar de vivir para Dios con sus propias fuerzas. Es inútil hasta para un cristiano consagrado. Podemos hacernos la firme determinación de que vamos a orar, leer la Biblia, estudiar, testificar y vivir para Dios. Sin embargo, luego de un tiempo hasta el cristiano más dedicado termina diciendo: "¿De qué me sirve? Estoy harto de que no suceda nada. Realmente no puedo vivir la vida cristiana como Dios quiere. Renuncio."

Dios ansía que lleguemos a ese punto. Quiere que admitamos que somos incapaces de vivir la vida cristiana ya que la única persona que pudo vivir esa vida fue Cristo mismo. Recién cuando nos sentimos totalmente vencidos, cuando estamos de cara al suelo y totalmente extenuados, estamos listos para descubrir la más grande verdad.

Es inútil tratar de agradar a Dios en nuestras propias fuerzas, pero demos gloria al Señor pues El se complace en vivir en nosotros. Estamos unidos con Cristo, quien desea manifestar su vida de resurrección a través de ti y de mí. Este hecho cambió mi vida de manera radical.

El apóstol Pablo declaró: *A fin de conocerle* [a Cristo], *y el poder de su resurrección, y la participación de sus padecimientos, llegando a ser semejantes a él en su muerte* (Filipenses 3:10). Sin embargo, antes que el poder de su resurrección se muestre a través de nosotros, debemos estar crucificados con Cristo.

La mayoría somos tan obstinados que demoramos años en morir a nosotros mismos. Nos resistimos al máximo. Le decimos al Señor: "Dios, ¿qué estás haciendo? ¿Estás tratando de decirme que no puedo solo? ¿Que nunca podré?"

Eso es, precisamente, lo que Dios trata de hacernos entender. "No puedes hacerlo por ti solo, pero Yo puedo. Y todos mis recursos son tus recursos." ¿Crees esto?

El mensaje central del Nuevo Testamento

Aunque la mayoría no lo entendimos al comienzo, convertirse en cristiano equivale a ser "invadidos" por Cristo. *El que se une al Señor, un espíritu es con él* (1 Corintios 6:17). No se trata de que Dios está en el cielo y nosotros aquí abajo. Ya no hay separación. No le hablamos a Dios "por larga distancia". Somos un espíritu con él.

Jesús dijo: *He aquí, yo estoy a la puerta y llamo; si alguno oye mi voz y abre la puerta, entraré a él, y cenaré con él, y él conmigo* (Apocalipsis 3:20). Aunque ésta es una magnífica ilustración para cuando estamos invitando a una persona a recibir a Jesucristo como Salvador, en realidad son palabras dirigidas a los cristianos.

Jesús está hablando de nuestro corazón. Dice que tiene una puerta que sólo puede abrirse desde adentro, por lo cual nunca tratará de forzar la entrada. El llama, y nosotros somos quienes podemos abrirla y dejarlo entrar.

Tal vez te preguntes cómo abrir la puerta. Es como si esta noche yo fuera a tu casa y llamara a la puerta de entrada. Tú mirarías por la mirilla o por la ventana y dirías. "Oh, es Luis Palau. ¿Qué hacemos? ¿Lo dejamos entrar o no?"

Si quieres que entre, lo único que tienes que hacer es abrir la puerta e invitarme a entrar: "Adelante, Luis. Ponte cómodo. ¿Puedo invitarte a una taza de café?", y yo entraría a tu casa.

Jesús nos dice: "Estoy a tu puerta y estoy llamando. Abre la puerta, y entonces entraré y cenaré contigo, y tú cenarás conmigo." Es una manera figurativa de decirnos que experimentaremos la realidad y la delicia de su presencia en nuestro ser.

¿Crees en realidad que Dios vive en ti? ¿Estás disfrutando de esa realidad? Te animo a descubrir esta verdad en las Escrituras. Subraya cada versículo que habla de que Dios y nosotros somos uno. Te asombrarás de encontrar tantas referencias, especialmente en el Evangelio de Juan y en las epístolas. A mi entender, éste es el mensaje central del Nuevo Testamento.

Menciono un solo ejemplo. En Mateo 1:23 a Jesús se lo llama Emanuel, que quiere decir Dios con nosotros. Dios está en nosotros ahora y quiere llenarnos de manera total.

El apóstol Pablo pregunta: *¿O ignoráis que vuestro cuerpo es templo del Espíritu Santo, el cual está en vosotros, el cual tenéis de Dios, y que no sois vuestros?* (1 Corintios 6:19). No importa cómo seas —alto o bajo de estatura, delgado o gordo— si eres cristiano, Dios vive en tu ser. Es por esa razón que el simple pensamiento de inmoralidad sexual debe resultar repugnante para un cristiano. Cuando recibimos a Cristo como Salvador, nuestro cuerpo se convirtió en templo del Espíritu Santo de Dios. Todo lo que lo entristece a El debe también entristecernos a nosotros. Debe horrorizarnos el simple hecho de pensar que podríamos contaminar el templo de Dios. El Señor ordenó a Moisés: "Quita el calzado de tus pies porque el lugar que pisas es santo." A nosotros nos dice: "Deja de lado tu vieja manera de vivir porque debes ser santo, de la misma manera que Yo, que vivo en ti, soy santo."

Cuando finalmente comprendemos esta maravillosa verdad, no podemos menos que preguntar: "Oh, Señor, ¿por qué tardé tanto en entender que el secreto de la vida cristiana —y el tema central del Nuevo Testamento— es Cristo viviendo en mí?"

Algunos alegarán que el fundamento del mensaje del Nuevo Testamento es la obra de Jesucristo en la cruz. Lo es, pero ¿por qué fue a la cruz el Señor? Porque deseaba vivir en nosotros. Sin embargo, no podía hacerlo hasta tanto el pecado fuera limpiado, y el pecado no podía ser limpiado hasta que El completara la obra de la cruz. De manera que la cruz era un paso preliminar para el objetivo final de Dios, unirnos a sí para siempre.

Gálatas 2:20 une estos dos conceptos. *Con Cristo estoy juntamente crucificado, y ya no vivo yo, mas vive Cristo en mí; y lo que ahora vivo en la carne, lo vivo en la fe del Hijo de Dios, el cual me amó y se entregó a sí mismo por mí.*

Nota que hay dos verdades paralelas. En primer lugar, *Con Cristo estoy juntamente crucificado.* Desde la perspectiva de Dios estamos muertos al pecado. Desde nuestra perspectiva, odiamos el pecado, tanto en nosotros como en otros. No queremos pecar, y cuando caemos, de inmediato lo confesamos y volvemos a estar en la luz de Dios. Esto es estar crucificado con Cristo.

La segunda verdad es que *Cristo vive en mí.* Esta es la clave de la renovación radical de un cristiano. Hay también otros factores simultáneos y otras acciones prácticas que van de la mano de esa verdad, pero experimentamos la renovación de Dios en nuestra alma cuando no sólo entendemos sino además aceptamos la verdad de que Cristo vive en nosotros.

No basta con consagrarse. Es importante saber que un día pusimos nuestra vida en el altar de Dios (Romanos 12:1-2), pero la victoria no viene por el mero hecho de recordar ese día y gozarnos en esa decisión pasada.

El Señor desea que vivamos sabiendo que *ya no vivo yo, mas vive Cristo en mí*. La vida del Cristo resucitado en mí es una verdad viviente y presente, no una experiencia que ocurrió alguna vez en el pasado.

Sin embargo, muchos creyentes en Cristo no han dado este último paso, por eso les falta poder. Tomaron un compromiso con Cristo, tal vez en un campamento, en una conferencia o en una serie de reuniones especiales en la iglesia. Esos cristianos incluso recordarán con claridad la fecha de su consagración, pero no tienen poder en su vida, y viven deprimidos y desanimados.

En Filipenses 4:12 Pablo habla de las circunstancias que le tocó vivir y declara: *Sé vivir humildemente, y sé tener abundancia; en todo y por todo estoy enseñado, así para estar saciado como para tener hambre, así para tener abundancia como para padecer necesidad.* Las circunstancias adversas no lo desanimaban.

¿Cómo hizo Pablo para aprender a vivir en victoria? ¿Cómo obtuvo esa habilidad? La mayoría de nosotros no sabemos cómo vivir en pobreza, y ni siquiera en riqueza. ¿Cuál fue el secreto del apóstol? *Todo lo puedo en Cristo que me fortalece* (Filipenses 4:13). Cristo mismo era su fuente de poder en cada situación.

En Colosenses 1:27 Pablo habla de las riquezas *de la gloria de este misterio entre los gentiles; que es Cristo, en vosotros, la esperanza de gloria.* Esta verdad le resultaba tan emocionante que trabajaba —*luchando según la potencia de él* [Cristo], *la cual actúa poderosamente en mí* (1:29)— a fin de proclamarlo en todo el Imperio Romano. Pablo no trataba de triunfar en sus propias fuerzas, sino que su lema era: "Cristo viviendo y actuando en mí."

El apóstol nuevamente se refiere al tema en Colosenses 2:9-10. En Cristo *habita corporalmente toda la plenitud de la Deidad, y vosotros estáis completos en él, que es la cabeza de todo principado y potestad.*

Si Cristo es Dios — y lo es — y si mora en cada cristiano —y lo hace — , entonces toda la plenitud de Dios mora en nosotros.

¿Acaso esto era el caballito de batalla de Pablo o el pensamiento constante de nuestro Salvador? Consideremos la oración sacerdotal del Señor en Juan 17. El oró fervientemente *"para que todos sean uno; como tú, oh Padre, en mí, y yo en ti, que también ellos sean uno en nosotros; para que el mundo crea que tú me enviaste. La gloria que me diste, yo les he dado, para que sean uno, así como nosotros somos uno. Yo en ellos, y tú en mí, para que sean perfectos en unidad, para que el mundo conozca que tú me enviaste, y que los has amado a ellos como también a mí me has amado"* (Juan 17:21-23). ¡Qué oración asombrosa por ti y por mí!

¿Hay alguna tentación que debas enfrentar y que Jesús no pueda vencer? ¿Hay alguna necesidad de la que no pueda ocuparse el Señor Jesús? ¿Acaso el Señor no puede darme sabiduría si me hace falta?

Si te aferras a esta verdad, tu vida se revolucionará. Sin embargo, la mayoría de los cristianos que conozco no saben en qué consiste la plenitud de Dios, y nunca han experimentado el gozo, el poder y la victoria de una vida centrada en Cristo. Además, no han comprendido que no basta con recibir a Jesucristo (Juan 1:12) y abrirle la puerta del corazón (Apocalipsis 3:20).

El deseo del Señor no es sencillamente vivir en nosotros. Es cierto que mora en cada creyente, pero además quiere llenar todo nuestro ser. El declaró: *Yo soy la vid, vosotros los pámpanos; el que permanece en mí, y yo en él, éste lleva mucho fruto; porque separados de mí nada podéis hacer* (Juan 15:5).

¿Alguna vez has observado una vid? Es casi imposible determinar dónde acaba ella y dónde comienzan los pámpanos (las ramas). Están interconectados de manera tan intrincada que permanecen el uno en el otro, y trabajando juntos producen mucho fruto.

La Escritura no está utilizando simbolismos cuando habla del deseo de Cristo de permanecer en nosotros. Como pámpanos, estamos totalmente conectados a la Vid verdadera. Somos un solo espíritu, y nada puede separarnos pues El vive en nosotros. Podemos hacer todas las cosas en Cristo, quien quiere que llevemos fruto abundante para gloria del Padre. El desea tener control sobre todo lo que pensamos, decimos y hacemos, y quiere dar su bendición. Permanecer en Cristo es algo que debemos comprender y vivir día tras día. No es una decisión que tomamos: "Debo permanecer con Cristo. Debo ser una rama que lleve fruto." Jesús declaró que ya somos ramas y estamos unidos a él. La dificultad radica en que muchos cristianos no alcanzan a comprender la vida centrada en Cristo. Y cuando la comprenden, les resulta difícil creer que sea así. Y cuando al fin lo creen, les resulta difícil saber cómo vivir de esa manera. Pero si lo hicieran, la iglesia gozaría de un tremendo poder.

¿Puedes imaginar a millones de cristianos que cuando van al trabajo o realizan sus quehaceres cotidianos creen de corazón que Dios mora en ellos, y viven en una comunión consciente y constante con Cristo? El poder sería tremendo, aun a pesar de nuestras debilidades.

Y es posible. Todos los recursos de Jesucristo están enteramente a nuestra disposición. Todo lo que es de Cristo es nuestro porque El vive en nosotros. Sin embargo, ¡tomamos tan poco de esos recursos! Por eso hay tantos creyentes faltos de poder, de fruto, de gozo y de victoria.

Cuando Cristo toma el control

Nadie puede vivir la vida cristiana con excepción de Cristo mismo. Nunca olvidaré la expresión en el rostro de un anciano misionero en Colombia cuando comprendió esta verdad. Durante mi primer año como misionero en ese país, tuve que predicar en una conferencia misionera. El tema era Cristo en nosotros, fuente de poder en el servicio.

Después de la reunión este anciano se me acercó y me invitó a caminar un rato con él. Con lágrimas en sus ojos me confesó: – Luis, hace treinta años que estoy trabajando en la obra. Todo el mundo cree que soy un gran misionero, uno de los pioneros. Sí, planté iglesias porque prediqué el evangelio, pero mi esposa y yo nunca hemos tenido verdadero gozo. Una y otra vez nos hemos preguntado por qué no disfrutamos de la vida cristiana, por qué resulta tan difícil, y por qué siempre estamos luchando.

—Ahora sé por qué —continuó—. He trabajado para Dios con todas mis fuerzas, pero el resultado ha sido frustración. Y hasta hoy no había comprendido lo que en verdad significa dejar que el Cristo resucitado viva su vida en mí. ¿Por qué no me lo dijeron antes?

Me apené por este hombre, un sincero siervo del Señor, pero un siervo que prácticamente no había visto fruto en su vida o su ministerio.

En lo que a mí respecta, recién ocho años después que consagré mi vida al Señor pude entender que Jesucristo literalmente vive en mí, en Luis Palau, y que quiere llenarme con toda la plenitud de Dios.

Esta maravillosa verdad no penetra en nuestra alma de la noche a la mañana. Gracias a Dios que yo la entendí a los 25 años, y no tuve que esperar hasta ser un anciano. Sí, tenía toda la información correcta. Antes de cumplir los 30 mi libreta de notas estaba llena de bosquejos sobre la vida centrada en Cristo, pero sin embargo no la había experimentado.

Viajé a los Estados Unidos para completar un curso de estudios bíblicos. Una mañana un profesor del seminario, el Sr. Ian Thomas, nos habló durante una reunión devocional. Predicó sobre Moisés y la zarza ardiente. Moisés había pensado que porque era un graduado universitario Dios podría usarlo sin inconvenientes. Moisés estaba convencido de que al tener conexiones a nivel gobierno y ser el hijo adoptivo de la hija de Faraón, podría servir a Dios en sus propias fuerzas. Pero Moisés huyó de Egipto y durante 40 años estuvo vagando en el desierto. Allí estaba Moisés, el graduado universitario, el que tenía todo tipo de relaciones con la sociedad y el gobierno, el hombre de gran influencia, un hombre sin fruto, inservible y desesperado.

Fue entonces que el Señor apareció a Moisés en la zarza ardiente en el desierto, y desde allí Dios le habló.

El Sr. Thomas nos preguntó durante la reunión:

—¿Saben lo que Dios estaba tratando de enseñar a Moisés? Estaba tratando de decirle: "Moisés, cualquier zarza sirve siempre y cuando Dios esté en la zarza."

Yo sentí que el Señor me decía: "Luis, esto es para ti. Tienes que tomar una decisión." La decisión era dejar que Cristo tomara el control de mi vida. Debía aprender la verdad de las palabras "no yo sino Cristo en mí."

Esta es la tercera gran decisión que debemos tomar: Si deseamos una vida con fruto, si queremos victoria para vencer la tentación, si queremos poder y autoridad, Cristo debe vivir nuestra vida, no nosotros.

Esa decisión causó una revolución en mí. Todavía había un largo trecho por recorrer, pero la más grande lucha espiritual había acabado. Predicaba los mismos mensajes que había predicado antes, pero ahora comenzaba a verse el fruto. La gente se convertía. Había poder, autoridad, libertad, gozo. Ya no era yo sino Cristo viviendo en mí. Allí estaba el poder, la autoridad, el fruto, la victoria. El poder del Espíritu Santo al fin podía actuar en mi vida. Por fin comprendí lo que Pablo quiso decir con eso de *si alguno está en Cristo, nueva criatura es; las cosas viejas pasaron; he aquí todas son hechas nuevas* (2 Corintios 5:17). El Señor cambió mi manera de pensar, mi manera de actuar para con la gente, toda mi forma de ser.

Muchos cristianos viven como viví yo durante años. Creen que si oran lo suficiente, leen lo suficiente y trabajan lo suficiente tendrán una vida cristiana victoriosa. Pero no sucede de esa manera. No podemos obtener la victoria por esfuerzo propio, así como tampoco podemos obtener la salvación por nuestros medios.

Tal vez parezca demasiado sencillo y no creas que puedes descansar por completo en el poder del Cristo resucitado.

Miremos a nuestro alrededor. Hemos aprendido técnicas para levantar fondos, para hacer publicidad, para movilizar a la gente, para organizar programas especiales, para realizar videos, para vender productos. Conocemos las técnicas, pero la mayoría no produce resultados perdurables o sustanciales ya que se reduce a leña evangélica muerta, heno y hojarasca que no soportará la prueba de fuego. El secreto no está en estudiar y entrenarse en un seminario, vestirse bien, tener buena apariencia o lograr contactos apropiados. Tampoco está en el dinero ni en programas dinámicos, ni en saber cómo hacer las cosas. Todas esas cosas son buenas y tienen su lugar, pero son una pérdida de tiempo a menos que dependamos por completo del Cristo viviente.

¿Por qué razón la zarza ardiente no se redujo a cenizas mientras Moisés miraba? Porque era fuego de Dios, no fuego de los hombres. El fuego que no proviene de Dios consume, por eso muchos obreros cristianos terminan consumidos y abandonan todo. Sentimos lástima por ellos, los consentimos y les ofrecemos consejos psicológicos. Pero ¿cuál es en realidad la razón para que estén quemados? No están sirviendo en el fuego de Dios sino en el fuego de la carne, que es una mera imitación.

Hace treinta años que estoy sirviendo al Señor, y podría relatar historias de decenas de cristianos con un gran potencial para Dios. Conocí a grandes expositores, predicadores, maestros y músicos que hoy están inactivos. Algunos cometieron pecados groseros, otros simplemente se apagaron porque estaban usando los dones de Dios con el fuego de la carne.

Recuerdo a un evangelista en cierto país de América del Sur. Predicaba sermones magníficos. En media hora presentaba el mensaje del evangelio, y lo hacía de manera tan atractiva que los inconversos respondían inmediatamente cuando él hacía la invitación. Sin embargo, pronto descubrimos que estaba usando los dones del Espíritu Santo con fuego de la carne. Su actitud hacia el dinero no era santa ni mucho menos, y hoy está acabado. Ya no hay fuego en su vida.

También recuerdo a un expositor bíblico en América Central al comienzo de mi ministerio. Este hombre predicaba sobre 1 Corintios como los mejores expositores bíblicos del mundo. Pero cuando diez años después regresamos a ese país para una campaña de evangelización, me encontré con él y lo primero que me preguntó fue: —Luis, ¿cómo haces para estar siempre tan gozoso en el Señor? En un primer momento pensé que sólo era cansancio de su parte, pero al tiempo se divorció de su esposa para casarse con una mujer más joven. ¿Qué había pasado? Durante años había usado los dones del Espíritu en el poder de la carne, y tarde o temprano a la carne se le acaba el combustible.

Debemos vivir en el poder de Dios, de lo contrario también se nos acabará el combustible, nos moveremos por inercia, perderemos poder, estaremos inactivos o, lo que es peor, estaremos operando en la carne.

Muchos de nosotros fuimos criados con la siguiente idea: "Ahora que eres salvo debes prepararte. Trabaja para Cristo, lucha contra el diablo, vence sobre el pecado, vive para Dios, esfuérzate y sé un buen testigo de Cristo."

Por cierto que debemos trabajar y llevar fruto, pero no confiando en nuestros propios recursos. No sucederá en forma automática sino que al depender de Dios como la gran fuente de poder, seremos renovados y revitalizados, y no deberemos preocuparnos por quedarnos sin energía ya que los recursos de Dios son ilimitados.

Consideremos el ejemplo de Roberto Murray M'Cheyne, predicador escocés y gran hombre de Dios. Falleció a los 29 años, pero a pesar de su juventud Roberto fue un gigante espiritual en Escocia en el siglo pasado. Se cuenta que cuando subía al púlpito, la gente comenzaba a llorar aun antes que él dijera palabra. ¡Eso es poder de Dios en acción!

En una ocasión Roberto escribió una carta a un amigo, diciéndole: "De acuerdo a tu santidad, así será tu éxito. Un hombre santo es un arma poderosa en la mano de Dios." ¿Somos acaso armas poderosas en las manos de

Dios? Podemos serlo si el poder de Dios está en acción en nuestra vida.

Si estás lleno de toda la plenitud de Dios tal vez no te des cuenta, pero tendrás poder. Eso no significa que te pavonees: "Estoy lleno del Espíritu Santo. Abran paso que aquí viene un hombre de Dios." Sí significa que caminas por la vida, alabas a Dios, lo obedeces y con autoridad muestras el poder divino en tu corazón. Tal vez no notes nada distinto, pero otros lo advertirán.

La clave es orar, diciéndole: "Señor, a pesar de que soy indigno, soy templo de Dios. Por favor, llena este templo para tu gloria."

Veamos ahora cómo podemos vivir diariamente la verdad "Cristo vive en mí."

Comenzando cada día renovados en Dios

Yo comienzo cada día con una oración de gratitud a Dios, y lo hago tan pronto me despierto. Te animo a que hagas lo mismo —aunque sea lunes por la mañana.

Comenzar el día con una oración de acción de gracias no es tan fácil como parece. Presta atención a lo que digas o pienses cuando te despiertes mañana. Durante años cuando oraba por las mañanas mis oraciones más que oraciones eran quejas: "Señor, empieza otro día. Realmente no tengo deseos ni energías para llevar a cabo todo lo que tengo que hacer hoy. Hay tantas tentaciones... No quiero dejarme llevar por la irritación. No permitas que te falle. No dejes que contriste al Espíritu Santo. Y si aparece una oportunidad para testificar, no quiero deshonrarte ..." Y así continuaba, lamentándome, quejándome, gimiendo y suplicando al Señor.

Recuerdo que con frecuencia oraba: "No me dejes, Señor", como si en Hebreos 13:5-6 Dios hubiera dicho: "Te dejaré y te abandonaré. No cuentes conmigo. Y cuídate de lo que otros te hagan." Seguramente para el Señor mis oraciones eran pura necedad.

Durante el tiempo en que me estaba entrenando para ser misionero, comencé a darme cuenta de que las oraciones positivas, de alabanza y de victoria afectaban mi actitud y mi manera de vivir. Uno de los profesores nos preguntó: —¿Con qué clase de oraciones comienzan el día? ¿Son oraciones negativas y pesimistas, o son oraciones positivas, que reafirman las promesas de Dios?

Inmediatamente me di cuenta de lo negativo que era yo.

Ahora bien, el profesor dejó en claro que no estaba abogando por una forma de pensar positiva como una cura mágica, sino que se refería a algo diferente:

—¿Se levantan y alaban a Dios por lo que El va a hacer? ¿Acaso le dicen: "Gracias, Señor Jesús, por este nuevo día. Gracias porque a pesar de mis problemas nunca me olvidas ni me abandonas pues vives en mí. Gracias porque Tú eres más grande que cualquier oposición que pueda encontrar en este día. Gracias porque aunque soy tentado, Tú eres más poderoso que cualquier tentación. Gracias porque tengo el poder del Cristo resucitado"?

Nuestro profesor siguió diciendo: —¿O acaso dicen: "Señor, me siento miserable. Por favor, ayúdame a vivir este día. Sé que no lo puedo hacer por mí mismo. Y si tuviera que testificar, bien sabes que no sabría qué decir"?

Aunque yo amaba la Palabra y me encantaba orar, siempre comenzaba con una oración centrada en mí mismo, una oración negativa, sabiendo que fracasaría. Decidí que a partir de ese momento empezaría el día con una oración de victoria, recordando que el triunfo es mío porque "Cristo vive en mí."

¿Por qué comenzar cada mañana con una oración en que se transparenta nuestra incredulidad en el poder de Dios? ¿Por qué no empezar con una nota de alabanza? Si entiendo correctamente Romanos 4:20, Abraham se fortaleció en su fe al dar gloria a Dios. Dios le había prometido lo imposible —su esposa, que tenía casi noventa años, daría a luz un hijo. La tentación de dudar de la promesa divina era muy grande, pero Abraham estaba *plenamente convencido de que* [Dios] *era también poderoso para hacer todo lo que había prometido* (4:21).

¿Crees que cuentas con ese mismo poder de Dios? Si lo crees, afírmalo cada día cuando te levantes y ores al Señor.

Permaneciendo renovados durante el día

Puedo imaginar la respuesta de algunos: —Pero Luis, ¿y el resto del día? Una cosa es comenzar bien, pero ¿qué hago cuando me enfrento con tentaciones?

El Cristo viviente tiene todo el poder que necesitamos. Sin embargo, las pruebas y las tentaciones no desaparecerán porque hayamos sido limpiados, nos hayamos consagrado y nuestra vida esté centrada en Cristo. Las tentaciones son parte de la vida. Tentaciones de engañar, mentir, de ser turbio en los negocios. Tentaciones de hacer algo que podría resultar bochornoso o vergonzoso. Uno puede levantarse en la mañana, tener su momento devocional con Dios, orar, dar un beso a la esposa, repasar un versículo camino al trabajo, y de pronto ver algo que no nos habíamos propuesto ver, o pensar en algo en que no habíamos planeado pensar. La tentación se nos presenta de repente. ¿Qué hacer? Lo mejor es ser sinceros. El Señor vive en nosotros y conoce todos nuestros pensamientos. Puedes decir: "Señor Jesús, gracias que vives en mí. Tú ves lo que yo estoy viendo y sabes cómo me siento. Sabes que estoy siendo tentado. Gracias porque tu poder está en acción en mí. Gracias por guardarme puro y santo a fin de que pueda glorificar tu nombre."

La promesa es que el *pecado no se enseñoreará de vosotros* (Romanos 6:14). ¿Por qué? Porque ya no estamos bajo la ley, esforzándonos por vivir para Dios. Estamos bajo la gracia y *Cristo vive en mí*.

Si estamos experimentando la renovación integral, no hay cabida para el cristianismo legalista. No necesitamos reglas humanas en cuanto a lo que hacer o no hacer porque Dios está en control.

El verdadero cristianismo es vida, es la vida de Dios en el alma del hombre. Cristo vino al mundo para darnos esta vida, y quiere que la disfrutemos al máximo. Si El está en tu corazón, su poder está en ti —el mismo poder que levantó a Jesús de los muertos.

Cuando el poder de la resurrección está obrando en nosotros, no hay razón para procurar vivir en nuestras propias fuerzas, sino que debemos ser instrumentos útiles en su mano y permitir que Cristo haga su obra en nosotros. No quiere decir que te vuelvas pasivo o perezoso ya que si estás experimentando la renovación de Dios, probablemente estés más activo que nunca —pero activo de una manera más relajada. Ya no eres tú quien está a cargo de la situación: *Ya no vivo yo, mas Cristo vive en mí.*

Lo importante no es lo que nosotros hacemos por Cristo sino lo que El hace a través de nosotros. Claro que trabajamos, pero no confiando en nuestras fuerzas. Por cierto que queremos caminar en la luz, pero no podemos ser santos a menos que él nos haga santos. No podemos hacerlo por nosotros mismos de la misma manera que Moisés y Pablo no pudieron. Dios lo hará.

Cuando enfrentamos tentaciones, podemos declarar con seguridad: "El pecado no tendrá dominio sobre mí pues no estoy bajo la ley sino bajo la gracia." Y *gracia* significa que Dios decidió venir a vivir en mí. No quiere decir que yo sea perfecto ni que nunca he de tropezar, especialmente en lo que se refiere a pecados habituales. Pero el pecado no habrá de dominarme porque Cristo vive en mí y yo estoy experimentando esa realidad.

Viviendo con equilibrio a cada paso

A menudo me digo que un cristiano que camina en el poder del Cristo viviente es como un equilibrista que camina sobre una cuerda. Recuerdo que en mi niñez fui testigo de una hazaña. Equilibristas alemanes habían venido a nuestro pueblo y extendieron un gran cable entre dos edificios lindantes cercanos a la plaza. Probablemente el cable haya estado a unos 30 metros del suelo, pero los equilibristas no pusieron redes de seguridad. Partiendo desde extremos opuestos caminaban por la cuerda y bromeaban con la multitud. Los veíamos balancearse usando largas varas para mantener el equilibrio. Luego se intercambiaban las varas al tiempo que trataban de pasarse el uno al otro. Nosotros creíamos que se iban a matar. Uno de los equilibristas se resbaló, pero se tomó del cable y volvió a su lugar. Terminaron la presentación con todo éxito.

Vivir bajo el control del Señor Jesús es similar a eso. La gente puede mirarte y decir: "No va a lograrlo," pero tú mantienes el equilibrio mientras caminas con Cristo, quien es la vara que te otorga el equilibrio a cada paso.

El objetivo de Cristo es tomar el control total y moldear su carácter en nosotros. No soy yo tratando de ser santo, perfecto, tratando de conformarme a la imagen de Cristo. Es Cristo que vive en mí y llena mi vida. No es que yo permanezca pasivo sino que actúo en su poder. Cristo es nuestra *sabiduría, justificación, santificación y redención* (1 Corintios 1:30). No es de extrañar que Pablo agregue: *El que se gloría, gloríese en el Señor* (1:31).

Y tampoco es de extrañar que Jesús diga: *Así alumbre vuestra luz delante de los hombres, para que vean vuestras buenas obras, y glorifiquen a vuestro Padre que está en los cielos* (Mateo 5:16). Todo lo bueno que la gente ve en nosotros es la luz de Jesús, quien es nuestra luz y fuente de vida. Cuanto más tenemos nuestros ojos en Jesús, tanto más reflejamos la *gloria del Señor y somos transformados de gloria en gloria en la misma imagen, como por el Espíritu del Señor* (2 Corintios 3:18).

Dios no cesa de obrar en nosotros para transformarnos. No espera a que lleguemos al cielo para comenzar esa obra sino que ya la ha comenzado y *la perfeccionará hasta el día de Jesucristo* (Filipenses 1:6). Su deseo es hacernos *conforme a la imagen de su Hijo* (Romanos 8:29).

Es asombroso pensar que Dios está obrando en nosotros, llenándonos de su plenitud. Es una posibilidad grandiosa. No hay ninguna otra cosa que produzca tal transformación en una persona. Dios mismo vive en mí. Eso nos motiva a una vida santa, y debiera hacer que nuestra oración sea: "Señor, ¿cuál es tu deseo para mí? ¿Cómo quieres que sienta, que actúe y que piense? ¿Qué quieres hacer a través de mí aquí en la tierra para tu gloria?"

Esa sincera oración hace que mostremos compasión y amor para un mundo perdido y sufriente. De la renovación radical en nuestra vida nace el deseo de llevar el amor de Cristo a quienes aún todavía no lo conocen. ¿Sientes esa pasión por los perdidos? ¿Quieres que Dios te utilice para llevar a otros a su Hijo? El evangelismo es resultado de una vida cristocéntrica.

UN MOMENTO DE REFLEXION

1. *"La consagración es vital, pero en sí misma no es suficiente. Algunos cristianos han dedicado, rededicado y vuelto a dedicar su vida a Dios, pero aún no se sienten renovados en su espíritu."* ¿Alguna vez has ansiado un toque divino en tu vida? ¿Has anhelado sentir la presencia del Señor? ¿Qué fue lo que impulsó ese deseo?

2. *"La única persona que pudo vivir la vida cristiana fue Cristo mismo."* ¿Qué sucede si tratamos de vivir para Dios en nuestras propias fuerzas? ¿Alguna vez te ha ocurrido?

3. *"La cruz era un paso preliminar para el objetivo final de Dios, unirnos a sí para siempre."* ¿Por qué crees que Dios quiere llenar nuestro ser? ¿Seremos distintos cuando lo haya hecho?

4. *"Experimentamos la renovación de Dios en nuestra alma cuando no sólo entendemos sino además aceptamos la verdad de que Cristo vive en nosotros."* ¿Por qué la consagración en sí no es suficiente? ¿Qué importancia tiene una vida cristocéntrica?

5. *"La mayoría de los cristianos no saben en qué consiste la plenitud de Dios, y nunca han experimentado el gozo, el poder y la victoria de una vida centrada en Cristo."* ¿Por qué crees que esa declaración es verdad? ¿Qué es lo que impide que muchos cristianos no disfruten de esta posibilidad grandiosa?

6. *"Si deseamos una vida con fruto, si queremos victoria para vencer la tentación, si queremos poder y autoridad, Cristo debe vivir nuestra vida, no nosotros."* ¿Has descubierto ya el tremendo impacto de una vida centrada en

Cristo? Si lo has descubierto, ¿qué cambios positivos ha tenido sobre ti, tu ministerio y tus relaciones con otros?

7. *"Al depender de Dios como la gran fuente de poder, seremos renovados y revitalizados, y no deberemos preocuparnos por quedarnos sin energía ya que los recursos de Dios son ilimitados."* Si esto es cierto en nuestra vida, ¿cómo debemos comenzar cada día? ¿Cómo permaneceremos renovados durante el día? ¿Cuál es el secreto para mantener el equilibrio a cada paso?

PARA PONER EN PRACTICA

1. Busca en tu Biblia Efesios 3:4-19 y léelo en voz alta si fuera posible. Subraya la última frase de la oración de Pablo, *que seáis llenos de toda la plenitud de Dios.* Pídele al Señor que sea una realidad en tu vida.

2. Toma diez minutos para comenzar a subrayar otros pasajes del Nuevo Testamento (especialmente en el Evangelio de Juan y las epístolas) que hablen de Dios llenándonos de sí mismo. Comienza con Juan 15:5 y 17:21-23; luego subraya 1 Corintios 6:17, Gálatas 2:20, Efesios 5:18, Filipenses 4:12, Colosenses 1:27; 2:9-10. En los días siguientes subraya versículos a medida que los encuentres.

3. Busca en tu Biblia Exodo 3 y repasa la historia de Moisés y la zarza ardiente. Imagínate lo que debe de haber sido la zarza cuando Dios estaba allí. Trata de imaginar cuando desapareció el fuego, dejando la vieja zarza en el desierto, seca tal como había estado. Luego imagina la zarza convirtiéndose en cenizas cuando un pastor le prendió fuego. ¿Cuál de esas imágenes describe mejor tu situación?

4. Una vez que los pecados hayan sido confesados y hayas consagrado al Señor cada área de tu vida, pídele a Dios que llene cada fibra de tu ser. Agradécele ahora porque te ha de llenar y vuelve a agradecerle varias veces durante el día.

5. Durante las próximas seis semanas comienza un nuevo habito. Empieza cada día con una oración de gratitud a Dios. Piensa en las muchas promesas divinas y cada mañana pídele que las haga realidad. En forma especial agradece al Señor por su presencia en tu vida.

Capítulo 6

LA VIDA DE COMPROMISO

> *Cuando estamos llenos de Dios, nuestro corazón siente como el corazón del Señor, quien quiere reconciliar consigo a los hombres...*

Los cristianos que experimentan la plenitud de Dios vienen en todas las formas y todos los tamaños. Recuerdo un incidente ocurrido en una de nuestras cruzadas evangelísticas en el Paraguay hace varios años.

En cada lugar donde celebramos campañas tenemos también centros de consulta familiar donde la gente puede acudir en busca de ayuda espiritual. El Dr. Jaime Mirón es el encargado de organizar estos centros de consulta y de capacitar para ello a creyentes de las iglesias locales. Por lo general contamos con pastores, profesionales y personas con preparación académica. Jaime busca consejeros que no sólo sepan cómo llevar a alguien a Cristo sino que también puedan dar sólidos consejos ante serios problemas familiares tales como divorcio, adulterio, homosexualidad, etc.

Un humilde paraguayo pobremente vestido y muy desaliñado, asistió a los cursos de entrenamiento a pesar de ser analfabeto. Aunque asistió a todas las clases, no esperábamos que diera muchos consejos. Sin embargo, este hombre tenía una memoria extraordinaria. Nosotros no teníamos idea que pudiera hacer una labor tan magnífica.

Un día en que todos los consejeros estaba ocupados, llegó un caballero muy bien vestido, evidentemente un profesional de la clase media alta. El único que estaba libre para aconsejar era José, el analfabeto, que se puso de pie y anunció que ayudaría al recién llegado. La recepcionista se sintió demasiado desconcertada como para responderle: "No, José, llamemos a uno de los supervisores."

De manera que José se sentó con este caballero (era un médico), habló con él y lo guió a Jesucristo. Mientras tanto la recepcionista se había puesto en contacto con el director y le había referido la situación.

Cuando el médico y José terminaron la sesión de consejos, Jaime Mirón saludó al hombre con exagerada amabilidad, pero sólo recibió una respuesta como al descuido. De inmediato Jaime se dijo:

—José debe de haber echado a perder este caso.

Dio entonces nuevas instrucciones a la secretaria:

—La próxima vez que venga una persona distinguida como la que se ha ido, asegúrate de que sea otro quien la atienda, no José. Si yo estuviera ocupado, llámame de todas maneras.

Al día siguiente el médico volvió, esta vez acompañado por dos amigos suyos, también médicos. La secretaria fue a buscar a Jaime inmediatamente, quien llegó y comenzó a desplegar todo su conocimiento en relaciones públicas:

—Pero doctor, ¿cómo está usted? ¡Qué alegría verlo nuevamente!

El médico contestó: —Quiero que mis amigos conozcan al caballero con quien conversé ayer y que me ayudó a recibir a Cristo.

—Será un privilegio atenderlo —respondió el director.

—Gracias —replicó el médico—, pero quisiera que José hable con ellos.

Por lo tanto hubo que ir en busca del hermano analfabeto. Nadie supo lo que dijo José, ya que el médico quiso estar a solas con él y sus amigos. Pero el buen José también llevó al Señor a estos dos hombres. Al día siguiente los tres médicos se reunieron y llevaron a otro amigo que tenía problemas familiares. Este mismo hermano analfabeto guió a Cristo al cuarto caballero. ¡Qué glorioso siervo de Jesucristo! No podía leer ni escribir pero vivía la vida cristiana victoriosa.

A menudo miramos el exterior de una persona para medir su espiritualidad, mientras que lo que realmente cuenta es el poder de Cristo en el interior. Ese es el secreto de la renovación integral, tal como lo vimos en el capítulo anterior. Como resultado de esa renovación viene una profunda, creciente y sincera pasión por las cosas de Dios.

Cuando estamos llenos de Dios, nuestro corazón siente como el corazón del Señor, quien quiere reconciliar consigo a los hombres, y desea que ninguno perezca sino que todos se arrepientan (2 Pedro 3:9). ¿De qué manera podemos tener esa misma pasión por las almas perdidas?

Una genuina preocupación por los perdidos no es algo que surja de manera natural. Por naturaleza somos egoístas: mientras tengamos lo que deseamos, estamos contentos. Pero cuando estamos llenos de Dios, no pasará mucho tiempo antes que nuestro corazón diga: "Dios, dame amor por los perdidos y un profundo deseo de que ellos te conozcan. Haz hecho tanto por mí, que quiero que todos experimenten tu salvación y tu poder."

Cuando alguien disfruta la llenura de Dios, no tiene que ser forzado al evangelismo ya que éste es una consecuencia lógica. Por otro lado, si alguien no siente pasión por los perdidos, no tratemos de forzarlo a testificar de Cristo porque lo más probable es que la gente decida rechazar a Jesucristo en vez de confiar en él como Salvador.

La pasión por los perdidos no es algo que alguien nos enseña. Por supuesto que estoy de acuerdo con entrenar y motivar a los cristianos para que evangelicen. Uno de los objetivos de nuestra asociación evangelística es "estimular, reavivar y movilizar a la Iglesia para que haya continuo y eficaz evangelismo, consolidación de resultados y crecimiento de la iglesia." Millares de personas asisten a los cursos de evangelismo antes de nuestras campañas evangelísticas, y como consecuencia un gran número tiene oportunidad de ganar un alma para Jesucristo. Pero del mero entrenamiento no puede nacer preocupación por el destino de las almas perdidas.

Cuando el Espíritu Santo fluye en nuestra vida, automáticamente comenzamos a compartir con otros el evangelio. Jesús prometió a sus discípulos: *Pero recibiréis poder, cuando haya venido sobre vosotros el Espíritu Santo, y me seréis testigos en Jerusalén, en toda Judea, en Samaria, y hasta lo último de la tierra* (Hechos 1:8). Y eso es lo que, precisamente, sucedió. Quienes habían sido tímidos galileos se convirtieron en testigos santos y denodados por amor de su nombre. Lo mismo puede suceder hoy.

Mi suegro es un hombre tan callado e introvertido que no puedo imaginármelo diciendo más de un par de frases al testificar a sus antiguos compañeros de la escuela. Sin embargo, cada vez que predico en la ciudad en que él vive, trae a la reunión a uno o dos de sus amigos. El nunca podría ser un predicador, y no tiene deseos de serlo, pero tener pasión por los perdidos no quiere decir que uno deba ser predicador.

Hay quienes alegan: – Pero Luis, yo no tengo el don de evangelismo. Nunca podría predicar el evangelio como lo haces tú.

Y en realidad no todos tienen que hacer lo que hago yo, pero sí pueden tener la misma compasión por los perdidos. El secreto no está en procurar el don que Dios nunca había planeado darte. El secreto está en vivir y testificar por el poder de Cristo que vive en ti.

La Biblia dice: *El que es fiel en lo muy poco, también en lo más es fiel* (Lucas 16:10). Sé fiel dondequiera te encuentres, y el Señor comenzará a abrir puertas. Cuando das testimonio de Cristo porque tu corazón rebosa del Espíritu de Dios, la gente percibe tu amor y tu preocupación.

Cristianos de brazos cruzados

Es lamentable y trágico, pero no es común que las iglesias muestren pasión por los perdidos. Este es el día de

114

los cristianos con los brazos cruzados. Una vez oí decir a un predicador: "Cuando yo era joven trabajaba con la Cruzada Estudiantil para Cristo. Solía confrontar a todo el mundo, testificando a todo lo que se movía, y aun a lo que no se movía."

El hombre estaba tratando de ser gracioso, e implicaba que con los años había "madurado" (como si ese cambio fuera señal de madurez). Sin embargo, en los últimos treinta años ningún cristiano ha venido a testificarme de Cristo. Ojalá alguien hubiera tratado de evangelizarme.

Lo más cerca que estuve a que alguien me hablara de Cristo fue en una ciudad donde estábamos teniendo una cruzada evangelística. Estaba caminando por la calle con un amigo cuando llegamos a un parque donde había centenares de personas. No había terminado de decirle a mi amigo que alguien debiera aprovechar y repartir invitaciones para las reuniones, cuando un joven me entregó una invitación. Con una sonrisa yo le contesté: "Hola, hermano. Gracias por repartir invitaciones. Yo soy Luis Palau." Pero aparte de eso, desde que era estudiante nadie nunca ha tratado de testificarme.

Los cristianos debieran ser testigos de Cristo continuamente. ¿Cómo podemos quedarnos sin hacer nada cuando hay tanta gente que va camino al infierno?

¿Por qué razón la mayoría de los cristianos no se preocupan ni muestran amor por los que no son salvos? Porque nunca han experimentado la renovación de Dios en su vida. *Venid en pos de mí, y os haré pescadores de hombres* (Mateo 4:19). Es sólo cuando seguimos a Jesucristo de todo corazón que comenzamos a sentir su amor y pasión por los perdidos.

Cultivando un corazón compasivo

Como seguidores de Cristo, hay pasos que podemos dar para tener un corazón compasivo por las personas que están *desamparadas y dispersas como ovejas que no tienen pastor* (Mateo 9:36).

En primer lugar, podemos orar. *Entonces dijo a sus discípulos: A la verdad la mies es mucha, mas los obreros pocos. Rogad, pues, al Señor de la mies, que envíe obreros a su mies* (Mateo 9:37-38). Podemos orar por los obreros, tanto por los que ya están activos en la evangelización y la obra misionera como también por aquellos que serán enviados a trabajar.

También podemos orar por aquellos que aún deben confiar en Jesucristo. Haz una lista de los familiares, amigos y vecinos inconversos, y de los compañeros de estudio y de trabajo que necesitan a Cristo. Arrodíllate y ora regularmente por cada persona en particular. Persiste en tus oraciones. Ten una perspectiva a largo plazo. Dios nunca considera que ya hemos orado demasiado tiempo por una persona.

Mi esposa y yo conocemos a una anciana que durante sesenta y ocho años oró para que su hermano aceptara a Cristo como Salvador. Cuando este hombre cumplió los ochenta, y poco antes de morir, decidió convertirse a Cristo. Alguien podría decir: "Se salvó por un pelo", pero el beneficio no fue sólo para él. Piensa en la tremenda bendición para esa mujer luego de haber orado fielmente durante toda su vida.

Por otro lado, a veces Dios contesta nuestras oraciones con rapidez. Un amigo mío aceptó mi desafío de orar en forma específica por cinco hombres de negocio conocidos suyos. A las pocas semanas nos juntamos para almorzar. El Señor ya le había dado la oportunidad de testificar a uno de esos cinco hombres, quien había entregado su vida a Jesucristo. Mi amigo se sentía muy conmovido, por cierto, y ansioso de seguir orando por los otros cuatro. Muchos cristianos me han contado historias similares.

En segundo lugar, si quieres tener un corazón compasivo para los perdidos, estudia lo que la Biblia dice en cuanto a la eternidad. Lee todos los pasajes del Nuevo Testamento que hablan sobre la eterna condenación de los perdidos. Descubrirás que la Escritura enseña que aquellos que rechazan a Jesucristo irán al infierno, "el lago de fuego."

Jesús señaló: *Y no temáis a los que matan al cuerpo, mas el alma no pueden matar; temed más bien a aquel* [Dios] *que puede destruir el alma y el cuerpo en el infierno* (Mateo 10:28).

En repetidas ocasiones el Señor advirtió acerca de estar en *peligro de fuego del infierno o de ser arrojado al infierno.* En cuanto a su Iglesia, Jesucristo declaró que *las puertas del Hades no prevalecerán contra ella* (Mateo 16:18).

Usando palabras sumamente duras, el Señor declara que tanto los líderes religiosos de Jerusalén, que estaban llenos de hipocresía, como también sus discípulos eran *hijo[s] del infierno* (Mateo 23:15), y les pregunta: *¿Cómo escaparéis de la condenación del infierno?*

En tercer lugar, cree lo que la Biblia dice acerca de la condición eterna de los perdidos. Permite que las palabras de Dios acerca de la desesperanza y la agonía de los perdidos penetren en tu corazón. El Señor habla del infierno como de un lugar de llanto y crujir de dientes.

Hay quienes en lo más íntimo de su ser dudan lo que la Biblia enseña sobre el infierno: "Si la gente muere rechazando a Cristo, ¿irán al infierno después de todo?" La respuesta es sí, pero no es una verdad fácil de aceptar de la noche a la mañana. La mayoría preferiríamos creer que, de alguna manera, al final de la historia, después que los perdidos hayan estado en el infierno mil años, el Señor dirá: "Tengamos un indulto general. Es hora de traer al cielo a esas pobres almas."

Sin embargo, eso no es lo que enseña la Biblia sino lo que muchos, aun en círculos cristianos evangélicos, quisieran creer. Por esa razón a tantos les falta la pasión por las almas. Nos negamos a creer que si alguien rechaza a Cristo hasta el final, está perdido para siempre y no hay ningún tipo de esperanza.

Si creyéramos en forma absoluta lo que dice la Biblia, nuestra forma de pensar cambiaría totalmente. En vez de un vago deseo de que un amigo o pariente inconverso se salvara, comprenderíamos lo serio de la situación y nos diríamos: "Si tiene un accidente y se muere, se irá al infierno para siempre." Cuando despertamos a esa realidad, nos preocupamos y queremos ganar a esa persona para Jesucristo.

Si creemos lo que dice la Biblia en cuanto a los perdidos, desearemos pasar tiempo a solas con Dios y nuestra oración será: "Dios, dame pasión por aquellos que no te conocen. Muéstrame el inmenso valor que tiene un alma." Yo hice esa oración hace más de treinta años, y desde entonces no he querido parar de predicar el evangelio. ¿Cómo puedo quedarme en casa, cómodamente y contento, mientras sé que la gente sin Cristo se va al infierno? ¿Cómo puedo quedarme sin hacer nada?

La evangelización como estilo de vida

La Biblia declara: *El fruto del justo es árbol de vida; y el que gana almas es sabio* (Proverbios 11:30). Sé que a este versículo se lo trata como si no tuviera nada que ver con la pasión por los perdidos, pero consideremos lo que dice.

En primer lugar, si somos rectos, si caminamos con Dios en la luz de su presencia, somos un árbol de vida. ¿Y acaso podríamos dar más fruto que llevar el mensaje de vida eterna a los que amamos? Algunos de tus amigos y parientes que no conocen al Señor tal vez parezcan endurecidos al evangelio. Desde tu perspectiva parecería que no hay esperanza para ellos. Sin embargo, no te vuelvas indiferente o apático. Continúa viviendo en justicia y rectitud porque el *fruto del justo es árbol de vida*. Este árbol trae fruto a su tiempo.

En segundo lugar, Dios dice: *Y el que gana almas es sabio*. Algunos me han dicho que esa frase es anticuada, pero sin embargo aún está en la Biblia y a mí me fascina. La Escritura indica que Dios creó al hombre, sopló en él aliento de vida y el hombre fue un alma viviente (Génesis 2:7). Tú y yo somos almas vivientes. Algún día nuestros cuerpos se acabarán. Todas las medicinas, vitaminas o ejercicios físicos que hagamos no pueden impedirlo. Pero nuestra alma vive para siempre; no muere jamás. Por eso la Biblia declara que quien gana almas es sabio.

No hay gozo más grande que poder decir: "El Señor me usó para ganar para Jesucristo a esa persona, y esa otra, y esa otra..." Ya hemos mencionado la importancia de hacer una lista de quienes quisieras ver entregarse a Cristo. Si has experimentado la renovación de Dios en tu vida, prepárate para que el Señor comience a usarte a fin de ganar para Cristo a algunas de esas personas. Será un gozo indescriptible.

Ganar almas para Cristo es el gozo más grande. Tu graduación es emocionante. El día de tu boda es emocionante. El nacimiento de tu primer hijo es emocionante. Pero nada se compara a ganar a alguien para Jesucristo.

Aun lo mejor que el mundo puede ofrecer es insignificante comparado con el hecho de entregar nuestra vida a Cristo y luego guiar a otros a hacer lo mismo.

Dios quiere usarnos para que testifiquemos de las buenas nuevas de salvación. Tal vez tu testimonio no incluya un cambio dramático en tu vida, como tampoco lo incluye el mío. Eso no importa. Como Jesús dijo a sus discípulos, simplemente regocijémonos que nuestro nombre está escrito en el libro de la vida, y digamos a otros cómo ellos también pueden estar seguros de tener vida eterna.

La evangelista holandesa Corrie ten Boom tenía una gran pasión por los perdidos. Tuve el privilegio de conocerla unos años antes que muriera. Uno de sus poemas se ha convertido en mi poema favorito. Dice:

Cuando llegue a esa hermosa ciudad
y vea a los santos en Cristo Jesús,
espero que alguien me diga:
"Quien me habló del Señor fuiste tú."

¿Puedes imaginarte? Ir al cielo y encontrarte con alguien que viene, te da un abrazo y te dice: "Estoy aquí porque tú me invitaste al cielo." ¡Qué emocionante!

Tal vez digas: "Pero Luis, ¿cómo se empieza?" Lo mejor es empezar con los intereses de la vida diaria. Si estás interesado en el fútbol, hazte amigo de quienes juegan fútbol o van a los partidos de fútbol. Si tus hijos van a la escuela con amiguitos, ora por los padres de esos niños.

Si disfrutas de la pesca, invita a un amigo a ir a pescar contigo y pide a Dios una oportunidad para hablar del evangelio. Tal vez pertenezcas a un grupo de negocios o a un club deportivo, y entonces podrás orar al Señor, rogando que te use para ganar a alguien en ese grupo. Si tienes un médico a quien consultas regularmente, busca oportunidades de testificarle de tu fe.

Si trabajas en una oficina o en una fábrica, es posible que conozcas a decenas de personas que necesitan a Cristo. Lo mismo sucederá si estás estudiando. Ora en forma específica por cada uno. No intentes hablarle de Cristo a la primera persona con quien te encuentres. Comienza a orar y el Espíritu Santo te guiará y te dará oportunidades para compartir el amor de Cristo.

Tal vez una pareja esté pasando por la agonía de un divorcio. Cuando te lo mencionen, invítalos a orar contigo. Tal vez no estén listos para confiar en Cristo en ese momento, pero si oras con ellos, sabrán que los amas. Luego, entonces, busca una ocasión para hablarles del amor de Jesús.

Si estás alerta y en oración, probablemente descubras que muchos a tu alrededor necesitan a Cristo, y encuentres increíbles oportunidades para testificar. Recuerdo a Marta, que nos escribió una carta pidiendo que oráramos por dos nuevos vecinos suyos, Daniel y Ana. Esta pareja nunca había oído el evangelio ni había leído la Biblia. De inmediato Marta se hizo amiga de ellos, pidió a otros amigos que oraran, y luego invitó a Ana a fin de que cada semana fuera a su casa para un estudio bíblico evangelístico.

Al tiempo recibimos otra carta de Marta. Su vecina Ana había orado invitando a Cristo a su corazón. La carta seguía: "Y ahora el Espíritu Santo ya está obrando en el corazón de Daniel, quien hace tres semanas que asiste a la iglesia con nosotros y quiere aprender de Cristo y recibirlo como su Salvador." Gloria a Dios por ello. Tú también puedes experimentar ese gozo.

¿Cómo es posible permanecer indiferentes?

Si Dios está en nuestro corazón, si ha bendecido nuestra vida, si el cielo es nuestro hogar, ¿cómo podemos permanecer indiferentes en cuanto al destino de nuestros vecinos, parientes y amigos que están perdidos? ¿Es que acaso no nos importa? Es absurdo pensar que los perdidos son felices tal como están. Se sienten solos, sufren y viven desesperados por un poco de amor y una razón para vivir.

Un joven llamado Esteban en Toronto, Canadá, confió en Cristo como Salvador hace algunos años. Cuando regresamos a esa ciudad hace poco tiempo, uno de mis colegas del equipo entrevistó a Esteban y le hizo algunas preguntas en cuanto a su conversión.

—Recuerdo muy bien ese viernes por la noche, un 15 de enero —dijo —. Yo tenía tendencias suicidas y estaba resentido contra la vida en general, pero en especial contra mi familia. Nada me importaba. Cuando Luis nos instó a pasar adelante para recibir a Cristo, lo hice inmediatamente. Desde entonces he estado testificando en mi escuela, y eso ha traído gran gozo a mi vida. Muchos amigos se han hecho cristianos. Lo que sucede es que uno le habla de Jesucristo a alguien, y ese alguien se hace cristiano y luego le habla de Cristo a alguien más.

Esa misma noche otros tres amigos de Esteban confiaron en el Señor en una reunión evangelística donde prediqué. Fue emocionante oír la historia de este joven y ver cómo Dios lo ha bendecido permitiéndole ver tanto fruto.

Sin embargo hoy, en un esfuerzo por ser sofisticados y contemporizar, muchos cristianos ya no tratan de persuadir a otros a seguir a Cristo. Existe el sentimiento subyacente de que la gente linda no va por allí tratando de persuadir a los demás a hacer esto o aquello. No queremos ofender a nadie ni parecer raros ni perder nuestro status. De manera que no hablamos de Cristo.

Yo también he sido culpable de eso. Uno de mis vecinos en la ciudad de México era una joven personalidad del mundo de la televisión. Charlábamos ocasionalmente, y él mencionó que a veces escuchaba nuestro programa radial. Pero nunca le hablé de Cristo en forma directa.

—Después de todo —pensaba yo—, este hombre parece completamente inmune a los problemas de la vida.

Mi vecino era una especie de *playboy,* y aparentemente no se preocupaba demasiado por las cuestiones espirituales. Se casó con una hermosa muchacha que recién había terminado sus estudios universitarios. Luego de la boda las cosas parecían marchar maravillosamente bien. El y su esposa iban a trabajar juntos, conversando y riendo.

Sin embargo, de pronto el hombre comenzó a cambiar. Ya no había alegría en su rostro. El y su esposa comenzaron a ir a trabajar en automóviles separados. Era evidente que el matrimonio estaba atravesando una crisis, y sentí la necesidad de hablarle, pero no quería entremeterme en su vida. De modo que me metí en lo que sí me importaba, y partí hacia una cruzada en el Perú. Después de todo, mi actitud había sido cortés. Cuando regresé a casa me enteré de que mi vecino se había suicidado. Me sentí destrozado. Sabía que debí haberle hablado de Cristo, pero debido a una falsa cortesía y porque seguí una norma social, no lo hice.

Nos resulta conveniente tener excusas para no testificar de Cristo. Podemos decir que no queremos abrumar a nadie ni ser ofensivos. Podemos alegar que no hablamos del Señor porque tal o cual persona se sentirá molesta. Sin embargo, cuando enfrentamos las situaciones de la vida con la absoluta certeza de que debemos persuadir a otros a ser cristianos, tendremos valor para hacerlo. Y descubriremos que las personas están abiertas para escuchar el mensaje del evangelio.

Recuerdo la experiencia de mi nuera Michelle, quien conoció a una joven que vivía cerca de su casa y sintió que debía invitarla a una reunión evangelística donde yo iba a predicar. Esta vecina dijo que sí en forma inmediata. Michelle no tuvo que insistir ni convencerla. La muchacha simplemente vino, se sentó y escuchó el mensaje de Cristo. Cuando yo terminé de predicar e hice la invitación usando Apocalipsis 3:20, la nueva amiga de Michelle se puso de pie y pasó adelante para confesar a Jesucristo como su Salvador. Luego admitió: — Durante años sentí que alguien estaba golpeando a la puerta de mi corazón, pero no sabía quién era.

Fue increíble, pero esta muchacha que nunca antes había escuchado el mensaje del evangelio hasta esa noche, tan pronto como lo oyó, lo aceptó y creyó con todo su corazón.

Jesús desea atraer a sí a hombres y mujeres. ¿Qué nos está deteniendo para hablarles a otros de su amor?

La gente a menudo quiere oír el mensaje del evangelio

A través de los años he aprendido que algunos a quienes yo creía más cerrados al evangelio, a menudo resultaban los más receptivos. Aunque en apariencia sean reacios a escuchar, en su interior desean el mensaje de salvación.

Lo comprobé en la Unión Soviética, pocos meses antes que se iniciara el colapso del comunismo en Europa Oriental. Como en otros países comunistas, durante décadas los cristianos habían sufrido persecución. Gradualmente las restricciones en cuanto a evangelización comenzaron a desaparecer. He viajado por todo el mundo, pero no he visto otro lugar tan hambriento y desesperado por el evangelio. Sin embargo, llevó tiempo para que muchos soviéticos cayeran en la cuenta de que "los campos están listos para la siega."

Durante una de nuestras campañas de evangelización en la Unión Soviética, un pastor bautista llevó a un conocido suyo a una reunión en Moscú. Este amigo, un prominente científico, director de uno de los departamentos académicos de la universidad, escuchó el mensaje del evangelio. Para sorpresa del pastor, el científico oró en voz alta recibiendo a Jesucristo como Salvador. Luego, con lágrimas en sus ojos, pasó adelante para confesar su fe en forma pública.

Este pastor ruso estaba asombrado por tan abierta respuesta al evangelio de parte de su amigo. Y más sorprendido aún quedó cuando a las 7 de la mañana del día siguiente recibió un llamado telefónico del científico: —Quiero expresarte mi profundo agradecimiento por invitarme a esa reunión para recibir a Jesucristo. Anoche no pude dormir. Me pasé la noche orando. Le pregunté a Dios una y otra vez si me aceptaría, si me perdonaría.

—Y bueno —replicó el pastor— ¿crees que Dios te perdonó?

—Sí —contestó el profesor sin una sombra de duda—, estoy absolutamente seguro de que Dios me acepta como su hijo pródigo.

El pastor ruso luego me confesó: —Nunca pensé que un científico aceptaría a Jesucristo como Salvador, pero lo he visto con mis propios ojos. ¡Qué experiencia incomparable!

¿Por qué callar?

Ayudar a que un amigo se convierta al Señor Jesús es maravilloso, y más aun si lo guiamos en oración para recibir a Cristo. Sin embargo, he notado que los cristianos se asustan cuando están hablando con alguien que está listo para tomar una decisión por Cristo.

Una creyente estaba testificando de Cristo a una empresaria húngara durante un vuelo de Budapest a Londres. (Estaban en el asiento delante de mí.) Al tiempo que estas dos mujeres hablaban, un compañero de mi equipo y yo estábamos conversando sobre la reunión evangelística que habíamos tenido en Budapest el día anterior.

Mientras conversábamos, esta mujer cristiana se puso

de pie, se dio vuelta y nos dijo: —Perdónenme, ¿acaso están hablando de la reunión de ayer con Luis Palau?

Le contesté que sí.

—¿Saben por casualidad dónde está el hermano Palau?

Le dije a la mujer que yo era Luis Palau.

—Bueno — contestó —, yo he estado hablando con esta dama y creo que está lista para aceptar a Cristo, pero ahora no sé qué más hacer.

—He estado escuchando la conversación —repliqué –, y todo lo que usted ha dicho es lo correcto. Adelante.

A pesar de todo, la mujer contestó que temía hacer algo mal al orar con alguien que quería recibir a Cristo. De manera que acordé hablar con la empresaria por un momento.

—¿Ha comprendido lo que esta señora le ha explicado? —pregunté.

—Sí —contestó la mujer húngara.

—¿Está lista para abrir la puerta de su vida a Jesucristo?

—Sí.

En ese momento le pedí a la mujer creyente que la guiara en una oración de decisión. Por supuesto que tenía deseos de hacerlo yo mismo ya que hubiera sido maravilloso. Pero decidí volver a mi asiento y observar cómo la mujer en el asiento de adelante primero dudó, y luego puso su brazo sobre los hombros de la húngara y por primera vez en su vida llevó a alguien a Cristo.

Te desafío a orar: "Querido Señor, quiero tener esa experiencia. Quiero saber lo que es ganar a una persona para Jesucristo."

Pido al Señor que nos dé pasión por los perdidos. ¿Por qué avergonzarnos del evangelio? Es *poder de Dios para salvación de todo aquel que cree* (Romanos 1:16), y cambia vidas aquí y ahora y para la eternidad. Cualquiera sea nuestro lugar en el Cuerpo de Cristo, trabajemos juntos y en oración invitemos a otros al reino de Dios.

El propósito del Señor nunca fue que estuviéramos solos para vivir la vida cristiana y testificar de nuestra fe. El desafío que tenemos por delante es: ¿De qué manera y en oración podemos fomentar tanto la renovación radical como también pasión por las almas? ¿Cómo hacerlo en nuestras iglesias, en nuestra ciudad y en todo el país?

UN MOMENTO DE REFLEXION

1. *"Cuando estamos llenos de Dios, nuestro corazón siente como el corazón del Señor."* ¿Qué es lo que siente el corazón de Dios? ¿Tienes esa misma compasión?

2. *"Cuando el Espíritu Santo fluye en nuestra vida, automáticamente comenzamos a compartir con otros el evangelio."* Jesús lo anticipó en Hechos 1:8. ¿Puedes recordar ejemplos que se mencionen luego en el libro de Hechos? ¿Cuál es la lección para nuestro día?

3. *"Este es el día de los cristianos con los brazos cruzados."* ¿Por qué a veces los creyentes en Cristo hacen observaciones sarcásticas en cuanto al evangelismo? ¿Por qué la mayoría carece de un genuino interés por los perdidos? ¿Por qué los cristianos llegan a ser tan indiferentes?

4. *"Si alguien rechaza a Cristo hasta el final, está perdido para siempre y no hay ningún tipo de esperanza."* ¿Crees en esta declaración? ¿Por qué?

5. *"¿Cómo puedo quedarme en casa, cómodamente y contento, mientras sé que la gente sin Cristo se va al infierno? ¿Cómo puedo quedarme sin hacer nada?"* ¿Cuál ha sido tu respuesta en el pasado? ¿Cuál es tu deseo ahora?

6. *"Tu graduación es emocionante. El día de tu boda es emocionante. El nacimiento de tu primer hijo es emocionante. Pero nada se compara a ganar a alguien para Jesucristo."* ¿Alguna vez has tenido esa experiencia? ¿Has tratado de ganar para Cristo a alguien que al final rechazó la oferta de salvación? ¿Crees que la mayoría está abierta o cerrada al mensaje del evangelio?

7. Una vida renovada y bendecida por Dios es un testimonio poderoso al mundo que nos observa. ¿En qué áreas de nuestra vida quiere bendecirnos Dios? ¿Significa eso que estamos exentos de pruebas y tentaciones? ¿Cuál es la marca distintiva de un cristiano renovado? ¿Cómo se demuestra eso al hablar a quienes no conocen a Cristo?

PARA PONER EN PRACTICA

1. En una libreta de apuntes, haz una lista de tus conocidos que están involucrados activamente en el evangelismo y la obra misionera. Especifica a qué grupo particular están tratando de alcanzar, y comienza a orar para que el trabajo dé fruto abundante. Además pide a Dios que *envíe obreros a su mies* (Mateo 9:38).

2. Haz una lista con los nombres de quienes aún deben confiar en Jesucristo. Comienza a orar de rodillas por familiares, amigos, vecinos inconversos y por compañeros de la escuela o el trabajo. Pide a otros que oren contigo por la salvación de estas personas.

3. Estudia lo que la Biblia dice acerca de la eterna condenación de los perdidos, y escribe tus propias observaciones. Comienza con uno de los siguientes grupos de pasajes bíblicos:
    * En el Antiguo Testamento — Deuteronomio 31:21-22; Job 10:20-22; Daniel 12:2.
    * En el Evangelio de Mateo — 5:22,29-30; 7:22-23; 8:12; 10:28; 11:23; 13:41-42,49-50; 16:18; 18:9; 23:15,33; 25:31-33,41-46.
    * En los otros Evangelios — Marcos 8:36; 9:43-47; Lucas 9:25; 10:15; 12:5; Juan 3:17-18,36; 5:28-29.
    * En las epístolas — Romanos 2:5; Filipenses 3:19; 2 Tesalonicenses 1:7-9; Hebreos 6:2; 10:39; Santiago 3:6; 2 Pedro 2:4,7; 3:9; Judas 6,7,13.
    * En Apocalipsis — 1:18; 2:11; 9:2,11; 19:20; 20:6,10,13-15; 21:8.

4. En oración, dile al Señor qué has aprendido sobre el infierno. Pídele que te dé pasión por quienes aún no conocen a Cristo. Pídele que te muestre cuán valiosa es un alma. Pídele que te dé la oportunidad de presentar el evangelio a una persona durante el próximo mes.

5. Activamente y en oración busca oportunidades de testificar de Cristo. En tu libreta de apuntes, haz una lista de al menos tres estrategias que podrías usar en tu vecindario, en la escuela, el trabajo o la comunidad en general. Esta misma semana comienza a implementar una de esas estrategias. Pídele a Dios que te bendiga y te use para llevar a alguien a Cristo.

Capítulo 7

EL DESAFIO POR DELANTE

> *¿Qué podría hacer Dios en nuestra iglesia, en nuestra ciudad y hasta en nuestro país para su gloria? Nunca lo sabremos si ignoramos los principios de la renovación espiritual o los guardamos para nosotros mismos.*

Dios desea renovarnos radicalmente. Como consecuencia de tal renovación viene una creciente pasión por las cosas de Dios.

En primer lugar, Dios nos da pasión por las almas perdidas. No podemos cruzar los brazos y permanecer indolentes, sino que deseamos compartir sus bendiciones con otros. Buscamos oportunidades para ser usados por Dios ganando a otros para Cristo.

En segundo lugar, el Señor nos da pasión por su iglesia. El plan total de Dios es mucho más grande que su plan individual para ti y para mí. El anhela que hombres y mujeres se acerquen a él pues quiere edificar y bendecir la Iglesia.

¿Qué es lo que la Iglesia tiene de especial? Desde la perspectiva de Dios, mucho. Tal vez miremos a nuestra pequeña (o grande) iglesia local y condenemos las arrugas y las manchas.

Sin embargo, Dios ve a la iglesia como un todo en todo el mundo a través de los siglos y por la eternidad. El nos ve no sólo como su creación especial, su obra maestra y tesoro, sino también como su familia. El objetivo final de Dios es perfeccionar a la iglesia y reunirnos (junto con todos los santos del Antiguo Testamento) para que pasemos la eternidad con El en el cielo.

Lo más hermoso del cielo no serán las calles de oro sino Dios viviendo con nosotros para siempre (Apocalipsis 21:3). El no está satisfecho morando en nosotros y llenándonos con su presencia mientras estamos aquí en la tierra. El quiere que, además, vivamos cara a cara con El (1 Corintios 13:12). En ese día *seremos semejantes a él, porque le veremos tal como él es* (1 Juan 3:2).

Es cierto que ahora no somos lo que deberíamos ser ni lo que un día seremos cuando estemos con el Señor en gloria. Pero eso no cambia el hecho de que Dios esté haciendo su obra en nosotros y quiera renovar tanto personas como iglesias locales aquí en la tierra.

Dios quiere renovación en su Iglesia

¿Qué es una iglesia local renovada? Una congregación donde la mayoría de los miembros entiende y vive los principios de la renovación radical.

A menudo Dios realiza una obra asombrosa en tales iglesias. Algunas almas endurecidas se resistirán a la renovación, pero creo que la mayoría de los cristianos anhela fervientemente ser parte de una iglesia que experimenta renovación integral. Es grandioso pertenecer a una congregación que prospera, crece y donde Dios se mueve con poder.

Si en verdad queremos ver a Dios transformando radicalmente a su pueblo, debemos decir "Sí, Jesús" y permitirle que obre en nuestra vida. De otra manera, ¿cómo podemos alentar y promover algo que no hemos experimentado en forma personal?

Aunque me he estado refiriendo a "ti y a mí", este libro es para todo el Cuerpo de Cristo. En lo personal, ha sido beneficioso escribir estos capítulos. He tenido que decirle a Dios: "Señor, ¿acaso estoy poniendo en práctica este mensaje? He disfrutado de una vida donde tú eres el centro. He sido testigo de cómo la renovación ha bendecido a tu iglesia en diferentes lugares. ¿Estoy viviendo a ese mismo nivel hoy? ¿He crecido en mi caminar contigo?"

Es mi oración que Dios use este libro para hacer un gran impacto en tu vida —pero no sólo en tu vida. Un cristianismo independiente, privado y secreto funciona, pero el progreso es lento. Pon en práctica estos principios bíblicos y comienza a compartirlos con tu familia, tu círculo de amigos y la congregación de tu iglesia. Te sorprenderás por lo que Dios comience a hacer.

Estrategia global para crecimiento de la iglesia

¿Alguna vez has pensado en lo que Dios quiere hacer —empezando por ti— en tu iglesia, en tu ciudad? Estoy convencido de que Dios quiere usarte. Si estás experimentando renovación en tu vida, considera ante el Señor en oración de qué manera este material podría ser presentado a otros en tu grupo de estudio bíblico, la clase de Escuela Dominical o la iglesia en general.

Lo ideal es usar los principios de la renovación radical como parte de una estrategia integral para el crecimiento de la iglesia. A continuación menciono una estrategia que me agrada utilizar.

En primer lugar, comienza explicando qué es la renovación radical. Esto puede efectuarse durante una semana de reuniones especiales o en una serie de mensajes los domingos. Empieza presentando las posibilidades de la vida cristiana (capítulo 1). Luego explica por qué esas posibilidades muchas veces no se alcanzan (capítulo 2). Habla sobre los principios de la limpieza (capítulo 3) y la consagración (capítulo 4). Pero no te detengas allí. Sigue y expone cuál es la clave para la renovación radical —Cristo en ti haciendo su obra en tu alma (capítulo 5), y por último cómo esto ha de producir pasión por los perdidos (capítulo 6).

En segundo lugar, después que aparezcan evidencias de renovación, comienza a predicar el evangelio. Trabajando junto con creyentes a quienes Dios esté renovando, haz planes para esfuerzos de evangelización especialmente dirigidos a niños, adolescentes, jóvenes, matrimonios, solteros, familias y personas mayores. Además piensa en maneras creativas de llegar a los grupos profesionales, ya sea hombres de negocios, deportistas y gente en el mundo de las artes. Al centrar la atención en grupos afines, los cristianos se sentirán más cómodos invitando a sus amigos inconversos a estas reuniones. Además es conveniente usar sitios neutrales —una sala de conferencias, un teatro— para que estos eventos no tengan demasiado sabor "religioso" y la gente no se sienta "atrapada" en una iglesia.

En tercer lugar, cuando comience a haber conversiones, edifica en la fe a los nuevos creyentes. Hay que organizar pequeños grupos de crecimiento donde en forma semanal los nuevos cristianos puedan compartir con cristianos más maduros. Hay que explicarles cómo leer y estudiar la Biblia, cómo hablar con Dios, cómo ser parte de la iglesia local, cómo compartir la fe con otros. Es necesario cubrir los aspectos básicos como si los nuevos creyentes nunca antes hubieran oído hablar de la Escritura, la oración, la comunión o el testimonio.

El día en que alguien recibe a Cristo, esa persona es transformada espiritualmente. Pero en lo social e intelectual, muchos nuevos cristianos sienten como si estuvieran viviendo en tierra extranjera y desconocida, y si no actuamos con tacto y cuidado, podrán experimentar un shock cultural.

Sin embargo, al hacernos amigos de nuevos cristianos no dejemos que pase mucho tiempo antes de comenzar a hablarles de los principios de confesión, limpieza, consagración y una vida centrada en Cristo. Los nuevos en la fe no tienen por qué luchar durante largos años antes de aprender a disfrutar de la vida cristiana. No hay razón para que repitan los errores de millones y millones de cristianos que nunca han experimentado renovación.

Los principios bíblicos presentados en este libro son suficientemente profundos como para desafiarnos el resto de nuestra vida, y a la vez sencillos como para que la mayoría los entienda y aplique en forma inmediata. Y dichos principios dan resultados.

La renovación en el entorno de una iglesia local

Recuerdo la primera vez que fui invitado a probar esta estrategia para continua renovación y evangelismo en una iglesia local. Dios ya había transformado mi vida de manera radical y me había dado una profunda pasión por los perdidos. Yo estaba convencido de que el Señor podía renovar su Iglesia a través de campañas evangelísticas unidas. Pero yo sólo tenía poco más de 30 años y me preguntaba si Dios me usaría para llegar a las multitudes. Sabía que si funcionaba a esa escala, también funcionaría en pequeñas iglesias. La primera prueba la llevé a cabo en la Iglesia Presbiteriana La Floresta en Cali, Colombia.

Un misionero, que también era el pastor de esa iglesia, me invitó a ministrar a su congregación (unos 70 miembros). El joven Pineda, un colega, me acompañó.

Mi compañero Pineda y yo oramos por la campaña durante largas horas, hasta que por fin nos sentimos seguros de que Dios haría que la iglesia fuera renovada espiritualmente. Sabíamos que lo primero que teníamos que hacer para estimular a la iglesia al evangelismo era asegurarnos de que los creyentes estuvieran caminando en la luz, limpios y en el poder del Espíritu.

Un cristiano que no está en comunión con Dios puede traer invitados a las reuniones y cooperar con nuestros esfuerzos por obligación o por darse cuenta de que si no lo hace su desastroso estado espiritual se hará evidente. Pero cuando ese cristiano trata de testificar a otros, más que morir con Cristo se muere de vergüenza.

Mi plan era el que bosquejé más arriba. Como es natural, la primera noche quería que los creyentes en La Floresta se fascinaran en cuanto a las posibilidades de la vida cristiana. La segunda noche planeaba hablar sobre por qué tantos cristianos no experimentan ese potencial. Creo que si uno puede provocar una crisis espiritual en una persona, ese alguien puede acercarse al Señor. Yo quería que los cristianos regresaran a su casa tan avergonzados y arrepentidos de su carnalidad que, al continuar con la serie de reuniones, estuvieran listos para experimentar la renovación de Dios.

Pero no sucedió de esa manera.

Hora cero en La Floresta

Esa noche comencé hablando a una iglesia llena (200 personas). Leí Mateo 5:22-23, palabras acerca de la necesidad de arreglar los desacuerdos y disputas con los hermanos antes de traer las ofrendas al altar. Luego comencé a mencionar pecados comunes entre los cristianos. Empecé por los pecados menos graves, y estaba a punto de hablar sobre los más grandes y obvios que destruyen hogares y familias. De pronto un hombre se puso de pie y gritó: "Bueno, basta. Eso es suficiente."

El hermano Pineda, que estaba sentado en la plataforma, comenzó a orar. Nos dimos cuenta de que había dos posibilidades: estábamos por tener un escándalo o bien un avivamiento.

—Soy anciano en esta iglesia —dijo el hombre de pie. Sin embargo, en mi familia las cosas son un desastre, y mi vida resulta vergonzosa para esta congregación.

—Ahora mismo debo confesar mis pecados —continuó —. Mi esposa y yo no nos llevamos bien, y mis hijos me desobedecen. Mírenme. Yo estoy sentado aquí, mi esposa más allá y mis hijos por allí atrás. Esposa, por favor ven. Hijos, vengan.

Y mientras esa familia, quebrantada y llorando, se reconciliaba, el resto en ese pequeño auditorio comenzó a pararse y a confesar sus pecados. Yo me había quedado sin habla. Había orado por un avivamiento, pero no era esto lo que esperaba. Pedí que se cerraran las ventanas y que sólo permanecieran los miembros de la iglesia y otros cristianos. La confesión continuó.

En medio de todo, se levantó un hombre y dijo en voz alta:

— Es mi turno ahora. ¿Ven a ese joven sentado en la plataforma? —preguntó señalando al hermano Pineda—. Yo causé la muerte de su padre. Se murió de un ataque al corazón, pero el responsable soy yo porque cuando ambos éramos ancianos de una iglesia tuvimos un desacuerdo personal violento. No puedo hacer nada porque es demasiado tarde, pero... —y rompió a llorar, hasta que finalmente pudo balbucear— quiero pedir al joven Pineda si podrá perdonarme en nombre de su padre.

— Hermano Pineda — pregunté yo —, ¿vas a perdonar a este hombre?

Pineda se acercó al hombre y lo abrazó.

Durante casi dos horas la congregación de esa pequeña iglesia confesó públicamente su pecado y corrigió su relación con Dios.

Días más tarde, cuando pedimos que hicieran público su deseo de presentar sus cuerpos como sacrificio vivo a Dios, casi toda la iglesia lo hizo. Los creyentes estaban experimentando un avivamiento y estaban ansiosos por comenzar a evangelizar. Empezamos a tener reuniones en un patio al descubierto y presentamos el evangelio a toda la comunidad.

Gente de todo Cali venía a las reuniones en La Floresta. Más de 125 personas oraron para recibir a Cristo, y unas 80 se unieron a esa congregación en particular.

Pineda y yo apenas pudimos dormir esos días. Caminábamos de noche por toda la ciudad, orando y soñando con cosas grandes para el futuro. Esa iglesia pasó meses en avivamiento, el cual se manifestaba en gozo y evangelización.

Desde aquel entonces me he convencido más y más de que Dios quiere renovar su iglesia en cada país. Lo he visto en las tres Américas, en partes de Europa y en Asia. Hace tiempo tuve el privilegio de conocer a un pastor en cuya iglesia había gente que se convertía a Cristo casi todas las semanas. Sin embargo, este hombre no dudó en confesar que durante sus primeros once años en el pastorado, sólo había guiado a Jesucristo a una persona, de la cual no tenía mucha seguridad.

No obstante, Dios hizo una obra de renovación en este pastor mientras hacíamos los preparativos para una campaña evangelística en su ciudad. Oyó mi mensaje donde presenté los principios que bosquejo en este libro, y luego completó todos los cursos de entrenamiento que ofrece nuestro equipo. Durante la campaña sintió una creciente pasión por los perdidos. Trabajó como consejero, ayudando a muchos que deseaban entregar su vida a Jesucristo.

El hombre se dio cuenta de que había predicado sobre evangelismo pero no lo había practicado. A la semana todo cambió. Durante una sesión de consejos prematrimoniales, este pastor le preguntó a la pareja si tenían vida eterna, y ellos admitieron que no. En vez de simplemente hablarles de la necesidad de confiar en Jesucristo, los invitó a tomar esa decisión allí mismo en su oficina.

A los seis meses este pastor había guiado a Cristo a otras 20 personas. Lo que comenzó siendo un avivamiento en la vida de un pastor, produjo luego magníficos resultados en su iglesia. Y Dios le concedió oportunidades de ayudar a que otras iglesias experimenten crecimiento numérico y espiritual.

—Creo que estamos en el comienzo de un verdadero avivamiento en nuestra congregación — señaló.

Imagina lo que Dios podría hacer en tu iglesia (y en mi iglesia) en los próximos meses para su gloria. Nunca lo sabremos si ignoramos los principios de renovación radical o los guardamos para nosotros mismos.

Si Dios renueva tu vida espiritual, amarás a tu iglesia y orarás por ella. Y orarás por la iglesia en todo el mundo. No tendrás un espíritu sectario; y si lo tienes, habrás de crucificarlo. Si experimentamos renovación, mostraremos diligencia en todo lo que Dios nos ordene. Y uno de sus mandamientos principales, repetido ocho veces en el Nuevo Testamento es amarnos unos a otros. El mandato es para todos los cristianos en todo lugar, estemos o no de acuerdo con cada punto doctrinal y práctico.

Cuando era joven yo solía predicar con toda convicción sobre ciertos aspectos doctrinales menores. Ahora me abochorno porque después de mucha oración y estudio he cambiado de opinión en cuanto a varios detalles. Lo que había aprendido en el pasado era bueno, pero no estaba totalmente fundamentado en una equilibrada visión de Dios y su Palabra. Con los años crecí y maduré. Demos oportunidad para que otros también crezcan y maduren.

Busquemos la unidad del Cuerpo de Cristo Amemos a nuestros hermanos y hermanas en la fe, oremos por ellos y respetémolos como la Biblia ordena. Podremos no estar enteramente de acuerdo en todas las cosas, pero podremos tener unidad porque fuimos comprados por la sangre del Salvador, somos llenos de su Espíritu y predicamos su Palabra. Eso es lo que tenemos en común, y es nuestra base para la unidad con todos los que invocamos el nombre del Señor.

Mi oración es que este libro sea de bendición para toda la Iglesia. Que el Señor nos renueve y nos dé sabiduría para actuar como dignos embajadores de su Hijo Jesucristo.

* * * * *

Si has leído *¿Quién ganará esta guerra?*, me gozo en el Señor. Pero antes de dejar el libro, te animo a tomar un minuto y repasar mis comentarios sobre COMO USAR ESTE LIBRO en la página 10.

UN MOMENTO DE REFLEXION

1. *"Dios quiere renovar tanto personas como iglesias locales aquí en la tierra."* ¿Cómo es una iglesia local renovada? ¿Hasta qué punto tu iglesia es una iglesia renovada?

2. Cuando uno mira hacia atrás, advierte que el avivamiento y la renovación de iglesias siempre comienzan con un pequeño grupo de cristianos que se han quebrantado por su pecado, lo han confesado a Dios, han sido limpiados y caminan en la luz con Cristo. ¿Quiénes en tu iglesia podrían conformar tal grupo? ¿Ya se están reuniendo? Si no lo están haciendo, ¿cuándo podrían comenzar a orar pidiendo un toque de Dios sobre la iglesia?

3. *"Lo ideal es usar los principios de la renovación radical como parte de una estrategia integral para el crecimiento de la iglesia."* ¿De qué manera podrían presentarse en tu iglesia estos principios? ¿Cómo podrían usarse para que resultaran en evangelización y discipulado?

4. *"Los principios bíblicos presentados en este libro son suficientemente profundos como para desafiarnos el resto de nuestra vida, y a la vez sencillos como para que la mayoría los entienda y aplique en forma inmediata."* ¿Qué principios te han parecido los más difíciles de poner en práctica? ¿Qué principios han hecho el impacto más significante en tu vida?

5. *"Si uno puede provocar una crisis espiritual en una persona, ese alguien puede acercarse al Señor."* ¿Qué crisis espirituales has tenido? ¿De qué manera ha usado el Señor una crisis para acercarte más a sí? ¿Ha usado Dios este libro?

6. *"Dios quiere renovar su iglesia en cada país en todo el mundo."* ¿Qué podría hacer Dios en tu iglesia? ¿Y en tu ciudad? ¿Y en tu país? ¿Qué será necesario hacer para que suceda?

7. *"Si Dios renueva tu vida espiritual, no tendrás un espíritu sectario; y si lo tienes, habrás de crucificarlo."* ¿Cuál es la enseñanza del Nuevo Testamento en cuanto a la unidad del cuerpo de Cristo? ¿Cuál es el fundamento para esa unidad?

PARA PONER EN PRACTICA

1. Comienza a soñar con lo que Dios podría hacer en tu iglesia. Usa tu libreta de apuntes para escribir tus ideas en cuanto a renovación, evangelismo y discipulado.

2. Usa las páginas 133, 134 y 135 como bosquejo para un borrador de lo que sería una estrategia integral para renovación, evangelismo y discipulado en tu iglesia. Haz el primer borrador en tu libreta, luego escríbelo a máquina y haz copias para que otros lo lean y lo comenten contigo.

3. Si eres pastor, maestro o líder de estudio bíblico en tu iglesia, decide cuándo podrías empezar a presentar a otros estos principios de renovación radical. Si aún no estás en una posición de liderazgo, anima a los pastores y ancianos o a los diáconos de tu iglesia a que lean este libro, y luego anímalos para que estos principios sean compartidos con toda la congregación.

4. Al mismo tiempo, comienza orando por cada uno de los líderes espirituales de tu iglesia. Pide al Señor que haga una gran obra en sus vidas y que renueve a toda la iglesia. De manera especial, pide a Dios que te dé más amor por los demás.

5. Ora también por otras iglesias en tu vecindario. Comienza a reunirte con cristianos de otras iglesias a fin de orar por un gran avivamiento de Dios en la ciudad. Si es posible, organiza un gran encuentro de oración en tu zona. Pero no te detengas allí. Pídele a Dios que renueve su Iglesia en todo el país y en el mundo para gloria y honra de su nombre.